El gran libro de Ho'oponopono

Sabiduría hawaiana de autocuración

Dr. Luc Bodin, Nathalie Bodin, Jean Graciet

El gran libro de Ho'oponopono

Sabiduría hawaiana de autocuración

Prefacio de María-Elisa Hurtado-Graciet

EDICIONES OBELISCO

Si este libro le ha interesado y desea que le mantengamos informado
de nuestras publicaciones, escríbanos indicándonos qué temas son de su interés
(Astrología, Autoayuda, Ciencias Ocultas, Artes Marciales, Naturismo,
Espiritualidad, Tradición...) y gustosamente le complaceremos.

Puede consultar nuestro catálogo en www.edicionesobelisco.com

Colección Nueva conciencia
El gran libro de Ho'oponopono
Luc Bodin, Nathalie Bodin Lamboy, Jean Graciet

1.ª edición: junio de 2015
3.ª edición: de 2023

Título original: *Le grand livre de Ho'oponopono*

Traducción: *Pilar Guerrero Jiménez*
Corrección: *Sara Moreno*
Diseño de cubierta: *Enrique Iborra*
Ilustraciones: *Jean Augagneur*

© 2012, Editions Jouvence
Editions Jouvence S.A.
Chemin du Guillon 20, case 143. CH-1233 Bernex. Suiza
www.editions-jouvence.com
(Reservados todos los derechos)
© 2015, Ediciones Obelisco, S. L.
(Reservados los derechos para la presente edición)

Edita: Ediciones Obelisco, S. L.
Collita, 23-25. Pol. Ind. Molí de la Bastida
08191 Rubí - Barcelona
Tel. 93 309 85 25
E-mail: info@edicionesobelisco.com

ISBN: 978-84-16192-84-7
Depósito Legal: B-13.059-2015

Printed in Spain

Impreso en España en los talleres gráficos de Romanyà/Valls S.A.
Verdaguer, 1 - 08786 Capellades (Barcelona)

Reservados todos los derechos. Ninguna parte de esta publicación, incluido el diseño de la cubierta,
puede ser reproducida, almacenada, transmitida o utilizada en manera alguna por ningún medio,
ya sea electrónico, químico, mecánico, óptico, de grabación o electrográfico,
sin el previo consentimiento por escrito del editor.
Diríjase a CEDRO (Centro Español de Derechos Reprográficos, www.cedro.org)
si necesita fotocopiar o escanear algún fragmento de esta obra.

PREFACIO

Cuando mi amigo Luc me pidió que escribiera el prefacio de este libro, esa misma noche, cogí un libro de mi biblioteca al azar y lo abrí distraídamente. En el interior descubrí un papel doblado en dos en el que, en algún momento, había escrito unas pocas líneas: «*En mi opinión, en el fondo de todo esto debe de haber… una noción la mar de simple. Y, para mí, esa noción, cuando finalmente la descubramos, será tan irresistible, tan bella, que diremos: "¡Oh! ¡No podía ser de otro modo!"*» (John Wheeler, físico, cita extraída de un documental televisado, titulado *The Creation of the Universe*).

Un silenció me susurró que esas frases eran un guiño de la vida, recordándome lo esencial.

Es así como las verdades vienen a nosotros. Siempre simples, no se explican ni requieren de grandes discursos.

Y fue así como Ho'oponopono llegó a mi vida. Mi corazón reconoció algo que ya conocía, porque nuestros corazones saben reconocer las verdades.

Pero tenemos una especie de velo que nos impide ver y expresar nuestra auténtica naturaleza. Para Ho'oponopono, ese velo está compuesto de memorias. Para clarificarlas y disolverlas, sólo hay una cosa que podamos hacer: «*limpiar, limpiar y limpiar*».

Con el tiempo comprendí que «limpiar» se hace en tres pasos: hay que empezar abriendo el corazón, luego acoger con amor «lo que es» y, finalmente, soltarse, dejar de estar enganchado, apegado, y confiar en «lo divino» que hay en nosotros.

En este libro, mis amigos Nathalie y Luc Bodin, y mi marido Jean, compartirán contigo su propia experiencia, su propio concepto de Ho'oponopono, dándote la oportunidad de ir más lejos en la comprensión de esta forma de estar en el mundo.

A través de la práctica es como podrás integrar y descubrir tu propia forma de estar en el mundo, la que tu corazón te indique.

Abre tu corazón y recuerda: *«Sólo se ve bien con el corazón porque lo esencial es invisible a los ojos»* (Antoine de Saint-Exupéry, *El Principito*).

Agradezco a la vida esta oportunidad que me ha brindado hoy para limpiar ese «velo» que me mantiene en «la ilusión de la separación».

Me dirijo al «Ser Único» que «Yo soy», a la «Tierra madre» y a ti, lector, sabiendo que mi primer error es creer que estoy separada del Todo y que soy imperfecta. Le pido a mi alma o a mi «Yo superior» que me ayude a limpiar toda la memoria que me hace pensar así.

«Lo siento, perdóname, gracias, te quiero».

María-Elisa Hurtado-Graciet
Coautora de *El arte de Ho'oponopono.*
El secreto de los sanadores hawaianos.

Ho'oponopono, modo de empleo

Fórmula de Ho'oponopono
«Lo siento, perdóname, gracias, te quiero».

¿Qué significan esas palabras?
«Lo siento»: es reconocer su creación.
«Perdón»: porque no sabía que tenía eso dentro de mí.
«Gracias»: por permitirme limpiar la memoria.
«Te quiero»: a ti, mi Divinidad interior, podría decirte «te quiero».

¿Cuándo decir esta fórmula?
Cuando nos encontremos frente a un conflicto, una reacción violenta, un accidente, un trauma, todo lo que despierte en ti una fuerte emoción negativa.

¿Cómo decirla?
En voz alta, en voz baja o en tu interior.

¿A quién se dirige cuando la pronunciamos?
A ti mismo, a tu Divinidad interior, a tus protectores, al universo, a Dios.

¿Puede ser una frase preventiva?
Puedes decir la fórmula: «Lo siento, perdóname, gracias, te quiero» incluso cuando no percibes un conflicto en concreto. Eso te permitirá borrar las memorias que vayan creciendo a tus espaldas. Algunas personas recitan esta fórmula como si fuera un mantra, durante un paseo, una caminata o una vuelta en bici.

¿Se puede decir durante un acontecimiento feliz?
Sí. Tienes una herramienta a tu disposición que permite a tu ego descansar y ser feliz plenamente, desde la humildad.

¿Se puede hacer Ho'oponopono delante de la tele?

Se puede hacer Ho'oponopono delante de todo lo que suscite en ti emociones negativas: eso puede ser Internet, el teléfono o escuchando la radio.

¿Hay que decir todos y cada uno de los elementos de la frase?

Cuando empieces a practicar Ho'oponopono, tómate tu tiempo para repetir la fórmula íntegramente hasta que hayas integrado la sensación que se desprende de cada palabra. Después, bastará con decir sólo «Gracias, te quiero».

¿Qué pasa luego?

Que llega la calma. Estarás sin expectativas sobre lo que pueda pasar, porque Ho'oponopono sirve, fundamentalmente, para obtener paz interior.

Capítulo 1

HO'OPONOPONO DE LOS ORÍGENES A LA PRÁCTICA ACTUAL

Jean Graciet

Entrar en el proceso Ho'oponopono es muy sencillo. Si hay algo que te desgarra por dentro o si tienes una molesta cotidiana, tanto si se trata de un acontecimiento grave o de algo sin demasiada importancia, bastará con que repitas las cuatro frasecitas que, de hecho, son palabras. La fórmula es *«Lo siento, perdóname, gracias, te quiero»*. A partir de esas cuatro frases repetidas varias veces durante cierto tiempo, acaba por pasar algo, es como un milagro. Nada hay más sencillo, en efecto, y está al alcance de todos. Ahora vamos a ver que Ho'oponopono no es, en realidad, tan fácil como parece a la hora de integrarlo y practicarlo.

DEFINICIÓN E HISTORIA DE HO'OPONOPONO

Ho'oponopono es una filosofía, un estado anímico, y adherirse a este proceso requiere integrar ciertas ideas, ciertas nociones diferentes a las que nuestra tradición judeo-cristiana nos tiene acostumbrados. Con Ho'oponopono abordamos otra manera de ver las cosas, llevándonos a contemplar el mundo con ojos distintos, a veces a ver la vida, la gente y a uno mismo de modo opuesto. Es en este punto donde la práctica de Ho'oponopono se vuelve menos fácil porque, en realidad, cada uno tiene que hacer un cambio interior a nivel de creencias y valores.

Ho'oponopono nace de una tradición ancestral hawaiana y significa: *«Enderezar, armonizar, corregir lo que es erróneo, poner orden»*. Cuando aparecen diferencias entre las personas o llegan los problemas relacionales en el seno de una comunidad, la gente se reúne en presencia de los protagonistas y, bajo la dirección de un sacerdote, se conceden el perdón.

Ho'oponopono es un proceso de arrepentimiento
y reconciliación entre personas de una misma comunidad,
de una misma familia.

MORRNAH SIMEONA

Luego interviene Morrnah Simeona, chamana y curandera con plantas. Se dice que el proceso de Ho'oponopono puede simplificarse suprimiendo la figura del sacerdote o chamán y que cada uno puede practicarlo solo. Es ella quien propuso la enseñanza de Ho'oponopono tal como lo conocemos actualmente: solos, nos concedemos el perdón, el amor y la paz a nosotros mismos. Ya no es necesario estar en presencia de otras personas, ni siquiera de un chamán; para conseguir el perdón es esencial, por encima de todo, perdonarse a sí mismo. Esto es importante dado que muestra hasta qué punto el proceso puede adaptarse a cada época, particularmente a la nuestra, en la que cada individuo es empujado a buscarse la vida solo.

Morrnah decía también que estamos ralentizados por el peso de nuestra memoria. El objetivo de Ho'oponopono es, pues, liberarnos de esa memoria para desembarazarnos de ese velo que nos impide descubrir la «Divinidad» que vive en nosotros. Así, podremos descubrir quiénes somos realmente, lo que es esencial.

Con este proceso, la memoria se libera y se transmuta en energía pura a través de la «Divinidad». Es una especie de auténtico proceso alquímico, una transmutación de nuestras memorias y de nuestros miedos en amor puro.

Para Morrnah Simeona, *la paz empieza en mí y en nadie más*. Morrnah propuso la formación y el doctor Len se convirtió en su alumno más conocido ya que, gracias a su extraordinario testimonio, Ho'oponopono se expandió por el mundo.

EL DOCTOR IHALEAKALA HEW LEN

La historia del doctor Len ha dado la vuelta al mundo y más o menos todo el mundo la conoce: ejercía como psicólogo clínico y, un día, le propusieron prestar ayuda como responsable en un psiquiátrico penitenciario de Hawái. Hay que decir que, en dicha penitenciaría, el ambiente era duro, desagradable y el peligro era constante en la vida cotidiana, tanto que el personal penitenciario y los médicos no duraban mucho en sus puestos.

A pesar de ello, el doctor Len aceptó el puesto. Pidió que le entregaran los informes de cada uno de los pacientes y, antes de encerrarse en su despacho, insistió en que no lo molestaran para nada y que no le era necesario ver a ningún enfermo –actitud extraña viniendo de un psicólogo–, y fue respetado en sus deseos.

Pasaron los días y, al cabo de tres meses, más o menos, la gente se fue dando cuenta de que el ambiente y las relaciones con los enfermos habían mejorado como por arte de magia. Así se informó al doctor Len y le preguntaron qué hacía encerrado a cal y canto en su despacho, porque su extraña actitud despertaba la curiosidad de todos.

El doctor Len les explicó que estaba limpiando la memoria que tenían en común o, para ser más preciso, la memoria que había compartido con cada paciente al ir leyendo los informes de cada uno.

—Pero ¿cómo lo hace?

—Simplemente –respondió–, repito cuatro frases: «*Lo siento, perdóname, gracias, te quiero*».

—¿Y ya está?

—Sí, ya está.

Y así fue como se quedó en su puesto de trabajo durante cuatro años, hasta que el psiquiátrico penitenciario cerró sus puertas. En efecto, ya no había pacientes. Extrañamente, todos se habían curado, de modo que la existencia del psiquiátrico ya no tenía sentido.

El doctor Len explicó que limpiaba las memorias
que había compartido con cada paciente, simplemente repitiendo:
«Lo siento, perdóname, gracias, te quiero».

¿Qué había pasado?

Hablando de toda esa gente que había curado, el doctor Len explica que les curaba la parte de ellos mismos que había creado sus problemas. Añade que todo en la vida, todo lo que nos pasa, es responsabilidad nuestra. Eso significa que todo lo que nos llega a nuestros cinco sentidos, el mundo que nos rodea… es creación nuestra. Por consiguiente, si algo externo nos desagrada, es nuestra responsabilidad curar las memorias que han causado dicha situación.

LA REALIDAD FÍSICA ES UNA CREACIÓN DEL PENSAMIENTO

Lo que está en tu exterior no es sino una proyección de alguna cosa que procede de ti, que podríamos llamar *creencias, pensamientos o memorias*. Ésta es una noción que se relaciona con las enseñanzas que todos hemos recibido, los occidentales, más o menos del mismo modo, bajo la presión de la tradición judeo-cristiana siempre omnipresente. En efecto, nos resulta mucho más fácil echarle la culpa a otro y quedarnos con el papel de víctimas, que es mucho más cómodo.

¡Pero no! Pase lo que pase, no eres una víctima, nunca lo has sido, sólo eres el creador al 100 por 100 de lo que te pase.

En efecto, es difícil de aceptar así, a bote pronto. Pero es la clave del proceso de Ho'oponopono. Es absolutamente necesario integrar totalmente esta idea antes de ponerse a la práctica de Ho'oponopono de manera eficaz.

Un pensamiento erróneo creará una realidad errónea. Si tengo un pensamiento acertado, entonces crearé una realidad armoniosa y pacífica. Y, en ese punto, hay que darse cuenta de que todo está en nuestro interior. Nada está en el exterior.

La realidad física es una creación de nuestro pensamiento, es decir, que somos los creadores de todo lo que nos pasa.

Esta noción es difícil de integrar. Hasta ahora hemos vivido en la idea de que los responsables son los demás y que los acontecimientos que vivimos vienen, evidentemente, de fuera. Con Ho'oponopono las cosas se invierten. En realidad nada cambia. Simplemente no sabíamos que éramos nosotros los que creamos nuestra realidad de manera inconsciente.

«*Desde el momento en que algo aparece delante de nosotros* —dice el doctor Len—, *puedes preguntarte lo que pasa en ti, en tu interior, lo que estás experimentando*». Luego se trata de responsabilizarse al 100 por 100 de lo que sientes y lo que estás creando. Después, una vez que has aceptado la situación —que has creado tú por completo—, entonces puedes empezar el proceso de limpieza de todas las memorias causadas por tus sinsabores. Porque las memorias no nos dejan respiro alguno. Inconscientemente, guían nuestras vidas, nos arrebatan el libre albedrío para expresarnos.

«*No somos la suma de nuestras memorias, no somos nuestras memorias, somos más que eso*» decía Morrnah Simeona.

Todo lo que pasa en tu vida, los acontecimientos, la gente que conocemos, los sitios donde vives, tus viajes, todo es creado por tus memorias. En realidad, estás teleguiado por ellas. Te hacen creer que eres diferente a los demás y, en definitiva, son ellas las que te dan la ilusión de separación. Por eso es útil que siempre recuerdes que tú no eres tu memoria.

Y ello nos lleva a la cuestión fundamental que se plantea Morrnah, que se plantea el doctor Len y que, de hecho, todo ser humano debiera plantearse: «*¿Qué soy yo realmente?*».

Tus memorias pueden impedirte ser quien eres, ser tú mismo y, liberándote de esos escombros «heredados», pelando pacientemente una capa tras otras, como se hace con una cebolla, descubrirás quién eres realmente. Así, todo lo que hay en tu exterior que te desgarra, que te desestabiliza, que te hace sufrir, es una memoria. El sufrimiento que ves en los demás es también una memoria que se reactiva en ti.

El origen de todo lo que te pasa y que te afecta es una memoria.

Ho'oponopono te permite limpiar todas esas memorias. Pero, de hecho, no hay buenas o malas memorias, es la mente la que juzga y decide lo que es bueno y lo que es malo. La realidad es otra cosa. Hay algunas memorias que te pueden parecer erróneas o malas, mientras que otras te parecerán buenas. Lo cierto es que sólo existen memorias que deben ser limpiadas para librarte de ellas. Y Ho'oponopono lo permite.

LAS DIFERENTES PARTES DE TU IDENTIDAD

Las memorias se almacenan en el subconsciente, que los hawaianos llaman *Unihipili* o «niño interior». Es la sede de las emociones y las memorias. Por eso el proceso de Ho'oponopono invita a pedirle al niño interior que abandone sus miedos para liberarse de las memorias que han causado un problema o una situación. Es en esa parte de ti donde se almacenan las memorias. El niño interior necesita desesperadamente ser tranquilizado y amado, así que sólo a través del amor podrá aligerar el fardo que carga y liberar memorias.

Por otra parte, la consciencia o *Uhane*, que significa «madre» en hawaiano, es la parte que representa la mente, el intelecto, la que puede escoger entre limpiar las memorias o no iniciar el proceso, guardando así la ilusión de tener el control. Su papel es importante. Requiere mucha humildad dado que, al escoger limpiar las memorias, la mente deja las riendas. Hay que tener confianza y anularse frente a la Divinidad.

Finalmente, la supraconsciencia o alma, incluso el Yo superior, es llamado por los hawaianos *Aumakua* que significa «padre». Es esa parte la que está en conexión directa con la Divinidad interior y a la que le pediremos que limpie las memorias cuando hayan sido liberadas por el subconsciente. La petición se dirige al Yo superior o alma que, a su vez, le pasa el testigo a la Divinidad interior, cuyo papel consiste en limpiar y purificar la causa o causas del problema. También podemos dirigirnos directamente a la Divinidad interior.

¿CÓMO SE HACE UNA LIMPIEZA?

Utilizaremos las cuatro frases clave del proceso de Ho'oponopono, que son: *«Lo siento, perdóname, te doy las gracias, te quiero»*.

La práctica regular del proceso de Ho'oponopono puede llevarte a reducir las frases a un simple *«Lo siento, perdóname, gracias, te quiero»* o incluso a un *«Gracias, te quiero»*. Déjate guiar por tu intuición y emplea las palabras que más te convengan.

Dices *«lo siento»* por no haber sabido que tenías esa memoria dentro de ti. Luego dices *«perdóname»* a la Divinidad para pedirle ayuda y poder perdonarte a ti mismo por dejarte llevar por las memorias. Seguidamente das las *«gracias»* a las memorias por aparecer, por emerger desde el fondo y darte la oportunidad de liberarlas, dando gracias a la Divinidad por ayudarte en dicha liberación.

Concluirás diciendo *«Te quiero»* porque sólo el amor cura. Diciendo eso te diriges a tus memorias y a ti mismo.

El proceso de Ho'oponopono consiste en perdonarte, darte las gracias y enviarte amor. Con ello, borras las memorias. A medida que dicho sufrimiento desaparece en ti, también lo hace en los demás. Cuando dices esas palabras, te las diriges a ti mismo y, más concretamente, al niño pequeño que sufre dentro de ti.

No hay nada que hacer ni que comprender, sólo hay que pedir.

En eso consiste la simplicidad de Ho'oponopono. No hay que ponerse a buscar de dónde procede tal memoria ni qué doloroso episodio está en su origen. Parece complicado para la mente porque lo que la mente quiere es controlar y comprenderlo todo.

Sin embargo, la mente es útil en este proceso y su papel es importante. Tiene libre albedrío. Puede tomar la decisión de abandonar todo control y todo poder y de confiar en la Divinidad interior, pidiéndole al Yo superior que te libere de las memorias.

Por eso, cuando se entra en la energía Ho'oponopono, hay que llegar a desarrollar una gran confianza en uno mismo, una fe total en el alma, para que la mente consiga abandonar todo poder, todo control. El intelecto deja sitio a la intuición del corazón.

Podríamos decir que la mente es parecida a un superordenador, un ordenador tan perfecto que el ser humano jamás será capaz de construir uno tan eficaz. Pero un ordenador sin programas y sin datos no sirve para nada. Será sólo una máquina vacía.

La mente funciona del mismo modo. Son las memorias del pasado las que sirven de datos. La mente se basa en ellas, siempre, antes de tomar una decisión. Lo que nos conduce a organizar nuestra vida entorno a esquemas dictados por el pasado. Si dejas de jugar, esto es, si dejas de utilizar recetas desfasadas, podrás vivir el momento presente y estarás listo para acoger una nueva realidad. Una realidad que no estará más bajo en control de tu ego, sino bajo la guía de tu alma.

ABANDONAR LAS EXPECTATIVAS

El objetivo, la finalidad de Ho'oponopono es conectarte con tu Divinidad interior a través de tu alma.

Para ello, hay que abandonar toda expectativa, porque si estar en la energía Ho'oponopono significa no tener que comprenderla, también consiste en no esperar un resultado concreto. Estar a la expectativa es volver a dejar intervenir a la mente.

Estar a la expectativa de una cosa quiere decir que la mente interviene. Y si la mente recupera el control, el alma se retira y nada cambiará.

Desde ese momento, la mente bloquea todo el proceso. La mente, por lo tanto, debe dejar el control por completo.

Parece que este aspecto, es decir, el «abandonar las expectativas», es lo más difícil de conseguir porque significa «no querer nada». Para conseguir un objetivo, estamos habituados a tener una primera comprensión mediante el estudio de los datos y, después, pasamos a la acción. Ahí nos mantenemos en el marco de «lo razonable», que depende completamente del intelecto, de la mente y del ego. Por otra parte, la elección misma del objetivo a conseguir ha sido, previamente, fruto de la reflexión mental. Generalmente es así como funciona la gente.

Para escoger un objetivo a conseguir, la mente echará mano de su banco de datos, como lo haría un ordenador con los datos del disco duro. La elección de un objetivo, de una decisión a tomar, en definitiva, es el producto de las memorias. Es la razón por la que la mente se equivoca tan a menudo.

EL ESTADO DE «VACÍO» Y EL MOMENTO PRESENTE

La mente sólo existe en el pasado o en el futuro y pierde su poder y el control del momento presente. Porque en el presente la mente no puede actuar y suelta las riendas. Por eso el proceso de Ho'oponopono sólo conoce el tiempo concreto del «aquí y ahora». La condición de su eficacia es practicarlo en el momento presente, desconectado de la mente.

Cuando se practica Ho'oponopono, yo diría incluso cuando se «vive» Ho'oponopono –porque es un estado anímico–, el dejar correr las cosas y el desapego deben ser totales para conseguir el necesario estado de «vacío», el estado «cero» del que habla el doctor Len. El estado de «vacío» no puede entenderse fuera del «aquí y ahora».

*Es en ese estado de «vacío», en el que no se desea nada,
donde puede aparecer la inspiración.*

La inspiración viene del alma o Divinidad interior. La Divinidad sabe exactamente lo que es bueno para nosotros. La inspiración es siempre justa.

EL AMOR PROPIO

Es importante mantener la energía del amor a un nivel siempre elevado. Para ello, piensa en las frases clave en tu vida cotidiana, un día tras otro. Se apela al proceso de Ho'oponopono para todo. Desde el momento en que sales de casa para ir al trabajo o a una cita, pide a tu Yo superior o a la Divinidad interior que te limpie de todo aquello que pueda ser causa de un problema, de un obstáculo cualquiera con las personas que vas a ver.

*Repite las frases: «Lo siento, perdóname, gracias, te quiero»,
y verás que, poco a poco, la magia se cumple.*

Deja volar tu intuición para encontrar las palabras, las frases que más te convengan. Dirígete a tu niño interior y pídele que deje libres las memorias, agradéceselo recordándole que lo quieres. Tranquilízalo.

Dirígete a tu Yo superior para pedirle que limpie las memorias, que purifique las causas del problema y agradéceselo.

Puedes, más específicamente, dirigirte a tus memorias recordándoles tu amor por ellas, porque te dan la oportunidad de liberarlas y liberarte a ti mismo.

Por eso, practicando Ho'oponopono cada día, varias veces al día, desarrollarás en ti esos magníficos valores que son como parcelas de amor: gratitud, perdón, desapego, humildad, alegría, la ausencia de juicios, la fe en ti mismo y el amor propio.

De este modo descubrirás, poco a poco, quién eres realmente.

Pero no pierdas de vista que Ho'oponopono consiste en liberarte de tus memorias para tener acceso a la iluminación y poder conocer la libertad y la paz.

CÓMO PRACTICAR HO'OPONOPONO

Detrás de cada situación, de cada acontecimiento, de cada persona que conoces, de cualquier cosa que pase en tu vida, se esconde una memoria. El objetivo de Ho'oponopono es liberarte de todo lo que pueda representar un obstáculo en tu vida o lo que pueda ser fuente de dolor, de pena o de sufrimiento.

La práctica debe conducirte a un estado «cero», es decir, un estado de vacío en el que la mente deje por completo el control a tu parte divina, a fin de que puedas recibir su mensaje mediante lo que comúnmente se conoce como inspiración. Se trata de permanecer en dicho estado el mayor tiempo posible para poder estar en permanente estado de acogida.

La práctica de Ho'oponopono debe convertirse en un reflejo de cada instante de tu vida. Conviene acoger todo lo que llegue, por insignificante que sea, con sentimiento de gratitud, de perdón, de humildad y de amor.

No hay ninguna presión ni ningún esfuerzo que ejercer. Cuando el reflejo se ha adquirido, las palabras *«Lo siento, perdóname, gracias, te quiero»* vendrán automáticamente a tu cabeza y saldrán solas por tu boca.

Pronunciar esas palabras no es una obligación absoluta ni una condición *sine qua non*. A menudo me pasa que sólo digo *«Gracias, te quiero»*, repitiéndolo muchas veces. Emplea las palabras que más te convengan, las que más te creas. Algunos dicen *«Luz»* o *«Acepto»* o incluso *«Gracias»*.

Por ejemplo, cuando aparece un contratiempo o un problema, puedes enunciar el proceso completo con el pensamiento o en voz alta, como prefieras: *«Soy creador total de lo que me pasa y acepto la situación. Sé que está producido por una memoria y decido liberarla. También pido a mi niño interior o a mi subconsciente que deje ir esa memoria y me permita liberarla. Le pido a mi alma, que está unida a mi Divinidad interior, que limpie la memoria para purificar y transmutarla en luz»*. En todo el proceso, conviene no tener ninguna expectativa en cuanto al resultado final.

Con la práctica habitual bastará repetir las frases: *«Lo siento, perdóname, gracias, te quiero»* o bien *«Gracias, te quiero»*, sabiendo que esas palabras contienen todo el proceso.

Puedes practicar Ho'oponopono para todo. Puedes empezar limpiando las memorias por la mañana, cuando te levantas, pensando en las citas que tendrás durante la jornada, aunque no sepas cuáles van a ser ni si van a representar un obstáculo o molestia en tu vida. Con cada encuentro, repite: *«Lo siento, perdóname, gracias, te quiero»* para que la entrevista sea lo mejor posible para ambos interlocutores.

Pero también puedes hacer Ho'oponopono yendo en el coche, en el metro, en el trabajo o con la familia: en cuanto una situación molesta aparezca, será momento de limpiar porque, en definitiva, se trata de memorias.

Practicar así Ho'oponopono es una bonita forma de iluminar tu camino. Es un desembarazo permanente. No obstante, para desembarazarse de algo hay que responsabilizarse previamente. Una vez aceptada la responsabilidad, viene la aceptación, que se consigue subiendo a un nivel superior en el que recuerdes quién eres. Así puedes decidir liberar esa memoria que está a punto de actuar, generalmente de manera inconsciente. Entonces le darás permiso a tu parte divina para existir plenamente y, a través del amor, transmutará la memoria.

EL PODER CREADOR

Gandhi decía: «*You must be the change you want to see in the world*» («Debes ser el cambio que quieres ver en el mundo»). Dado que el mundo es sólo el reflejo de lo que somos, cuando nosotros cambiamos, el mundo cambia. El mundo somos nosotros.

Cuando pasa algo desagradable en tu vida ¿qué haces instintivamente? Seguramente buscas en el exterior un culpable. Estás tan seguro de ello que sólo se te ocurre concluir: si lo malo viene de fuera, entonces el culpable debe de estar fuera también.

Por otra parte, los que tienen autoridad sobre ti te animan a mirar siempre hacia afuera. Eso te lleva a verte como una víctima y a considerar que el peligro está en el exterior. Cada cual se sacude la responsabilidad y hasta el más insignificante de los problemas se achaca al médico, al maestro de los niños, al empleado, al jefe o al vecino. En el ámbito de la salud hemos encontrado emisarios de la maldad en los virus, el tabaco, la polución y muchas otras cosas. Las religiones han abierto el camino, hace mucho tiempo, inculcándonos la idea de que somos pecadores malvados desde que nacemos y que vivimos bajo el inquisidor ojo de un Dios implacable, listo siempre para castigarnos.

Desde que nacemos, el arquetipo de la víctima se ancla en nosotros, allanando el camino para los poderes exteriores, ya sean políticos o religiosos.

Continuando en la búsqueda de culpables en el exterior ¿qué pasa? ¡Que entregas todo tu poder a los demás! Como el responsable está fuera, le das tu poder y dejas de controlar tu propia vida.

Conclusión: si un agente externo es el culpable de tu desgracia ¡poco puedes hacer tú! Pones el poder en manos de otro, y eso lo hace la gente sin cesar, durante toda su vida.

En este punto, seguramente dirás, con acierto: «*Si soy responsable de esta situación que me desgarra, ¿cómo voy a resolverla?*». Lo cierto es que si piensas que eres el creador de todo lo que te pasa, sí estará en tu mano cambiar tu realidad.

Justo en ese momento recuperas el poder porque entiendes que sólo tú eres responsable de tu vida. No es culpa de la gente, la gente no interviene en tu vida, salvo para indicarte qué se puede cambiar y qué puede mejorar en ti.

En ningún caso la gente es responsable de tus problemas, tú eres el único responsable de lo que te pasa. ¡De todo!

De repente, puedes decir: «Tú no tienes poder alguno sobre mí. Yo soy el artífice de mi propia vida. Voy a cambiar lo que ha provocado que esto me pase, lo que me hace sufrir. Porque sólo yo controlo mi vida».

Cuando aparece un problema en nuestra vida, ¿está la solución fuera, en manos de otro? Si quieres que un problema deje de serlo, ¿tienes que intentar cambiar a los demás porque, según tú, han causado el problema que te amarga la vida? Veamos la respuesta con el retroproyector.

EL RETROPROYECTOR

Voy a poner un ejemplo que te mostrará lo que significa «crear la propia realidad en cada instante de la vida» y, también, que un problema no está allá donde habitualmente creemos. Todo el mundo sabe lo que es un retroproyector. Es un aparato que proyecta imágenes, unas detrás de otras, sobre una pantalla.

Supongamos que estás cómodamente instalado en casa de unos amigos, a punto de visionar diapositivas. De repente, a la vista de la última imagen proyectada, algo te desgarra por dentro. Puede haber sido una frase escrita o la representación de una escena, un personaje, o los colores, las formas…, en realidad poco importa saber qué ha sido. Lo que importa es que, en lo que has visto, hay algo que te desgarra hasta el punto de provocar una intensa emoción en ti. Dicha emoción parece afectarte tremendamente porque, de inmediato, lleno de ira, te levantas y te acercas a la imagen. Luego, coges el primer objeto cortante que encuentras y rasgas la pantalla. Sin embargo, la imagen continua presente porque se proyecta en la pared que hay detrás de la pantalla. Te precipitas contra la pared para destruir la imagen que tanto te molesta.

Si alguien te diera un mazo para romper la pared en la que se está proyectando la imagen ¿sería una buena idea para dejar de verla? ¡Naturalmente que no! Todo el mundo sabe que, para cambiar una imagen proyectada por un retroproyector, hay que cambiar la diapositiva, que está dentro del retroproyector. En consecuencia, si una imagen proyectada por un retroproyector te hace daño, la solución al problema no está en la pantalla ni en la pared, sino en el retroproyector mismo.

Bastará con cambiar la diapositiva para conseguir otra imagen, así de simple. ¡Y esta vez pondremos una imagen que nos agrade!

¿Crees que es diferente en ti? ¡Desde luego que no! Tú también funcionas, de alguna manera, como un retroproyector. Cuando aparece un problema, inmediatamente buscas la solución en el exterior, como si las causas de éste estuvieran separadas de ti mismo, es decir, como si las causas no estuvieran conectadas contigo. Si haces eso, buscarás en el lugar erróneo. Lo cierto es que la solución a todo problema no está ahí fuera. Los problemas no existen fuera de ti. La percepción que tienes del problema es sólo el reflejo de tus pensamientos, de tus creencias, de tus memorias.

Como si de un retroproyector se tratara, la solución a tus problemas no está fuera de ti sino dentro de ti, sea cual sea la causa.

Eres una especie de retroproyector —millones de veces más eficaz que una máquina, sin duda alguna— porque, como él, proyectas imágenes, escenas y personajes que son solamente el reflejo de lo que eres interiormente, de tus pensamientos… Recordemos que cuanto más intensas son las emociones que los acompañan, más creativos son tus pensamientos. ¿Y de dónde salen tus pensamientos si no es de tus memorias? Éstas son las memorias que Ho'oponopono, mediante un simple procedimiento, te propone limpiar para liberarte de su impronta y conducirte hacia la paz.

EL PERDÓN ABRE LA PUERTA AL AMOR

Las frases «*Lo siento, perdóname*» forman parte del proceso de Ho'oponopono. También podríamos decir: «*Lo siento porque no sabía que tuviera esas memorias en mí. Perdóname, niño interior, que tanto has sufrido; perdóname, alma, por haberte privado de mi confianza; perdonadme, memorias, por haberos ignorado, y perdón a mí mismo por los sufrimientos a los que me he sometido por falta de amor a mí mismo…, pido perdón a los demás por haberlos juzgado*».

Habitualmente, creemos que tenemos que perdonar a los demás por lo que nos han hecho. Los otros son considerados como culpables y nosotros nos limitamos a juzgarlos. Pero ¿cómo vamos a juzgar a los demás si sólo son un reflejo de sí mismos? Juzgar a los demás es juzgarse a uno mismo.

Cuando juzgas o criticas cierras el corazón al amor, fuente de vida que está por todas partes, y dejas de amar. El juicio induce dualidad y separación, corta la energía del amor. Y, cuando dejas de amar, también sales perjudicado porque cortas el amor.

Es entonces cuando, mediante un profundo sentimiento de sinceridad, le pides perdón a los que «aparentemente» son la causa de tu sufrimiento porque juzgándolos te sientes mejor, aunque renuncies al amor.

El perdón es esencial en el proceso de Ho'oponopono,
porque ilumina tus zonas oscuras, tus miedos, y te abre al amor.

LA LUZ Y LA OSCURIDAD

Imagina por un momento que estás en una habitación sin ventanas. Hay una puerta cuyos intersticios han sido perfectamente sellados. No puede entrar la luz por ningún lado, de modo que la estancia está sumergida en una profunda oscuridad. Tienes la mano en el pomo de la puerta. Sabes que al otro lado hay una habitación perfectamente iluminada y ventilada.

De repente abres la puerta. ¿Qué pasa entonces? Que te sientes deslumbrado, para empezar, pero también que la luz entra en la habitación hasta hace un momento oscura. Nada de eso te sorprende, de hecho es el proceso normal. Sin embargo, ¿notas algo diferente en la habitación que ya estaba iluminada? ¿Ha perdido luminosidad por haber repartido parte de la luz en la habitación oscura? Evidentemente, no, la habitación luminosa sigue siéndolo tanto como antes. Siempre ha sido luminosa y siempre lo será.

Estas preguntas te parecerán absurdas. Las respuestas son de cajón, dirás. Sin embargo, observa esto: la oscuridad –por ejemplo en la habitación sin ventanas– solamente existe en ausencia de la luz. ¿Estamos de acuerdo? Conforme dejamos entrar la luz en una habitación oscura, la oscuridad se va atenuando hasta que desaparece.

Pero ¿podríamos decir que la oscuridad no existe? La ciencia sabe muchas cosas sobre la luz, su composición, su rapidez, etc. Pero ¿ha estudiado la oscuridad? No, que sepamos.

La oscuridad aparece como el anverso de la luz, su opuesto.
De la misma forma que la oscuridad sólo existe en ausencia de luz,
podemos decir que el miedo existe por falta de amor.

La luz está por todas partes y, de la misma manera, el amor está por todas partes también. Está en todas las cosas, es parte integrante de todo lo que es. Tus miedos son tus zonas oscuras, tu parte más sombría.

Volvamos a nuestra metáfora y pongamos que estás en la habitación oscura, otra vez, con la mano en el pomo de la puerta. La puerta ha sido ligeramente entreabierta por muchas personas que conoces, un poquito más por algunos en concreto. ¿Por qué no abres toda la puerta de par en par para que entre toda la luz? ¿Por qué continuas con la mano agarrotada en el pomo de la puerta, impidiendo que entre la luz y el amor? ¿Por qué te quedas aferrado al miedo cerrándote al amor? Es difícil separarse de las costumbres, de las memorias, de los recuerdos. Estás muy acostumbrado a ellos, los conoces y, aunque sean sinónimo de sufrimiento y de dolor, los conservas por pereza, por miedo al cambio, por miedo a lo desconocido.

Efectivamente, si nadie te ha enseñado el camino del amor, si nadie te ha enseñado a amarte a ti mismo, entonces el amor verdadero da miedo. Puede parecer paradójico decir esto. Sin embargo, comprendemos que todo lo que no está dentro de ti es también desconocido y lo desconocido da miedo. Así, si el amor no está dentro de ti de manera natural, no podrás atraer amor hacia ti.

Parece, no obstante, muy fácil darle la vuelta al pomo de la puerta y dejarse invadir por el amor. Pero para hacerlo tendremos que desarrollar en nosotros la capacidad para desembarazarnos de determinadas cosas, la autoestima y la fe en el alma. No se trata de abrir la puerta brutalmente, porque el deslumbramiento hace daño. Cada uno abrirá la puerta a su ritmo, según su propia evolución.

Es el perdón total el que puede llevarnos al desapego y a la liberación.
«El verdadero perdón debe incluir el desapego completo
en la conciencia del que se siente víctima».

(*Colin C. Tipping,* Le pouvoir du pardon radical, *2011*)

EL PERDÓN TOTAL

Para nuestros espíritus occidentales bajo influencia judeo-cristiana, el perdón es un concepto delicado que nos encierra en la noción de culpabilidad. *«Si pido perdón es porque soy culpable de alguna falta».* El ego siente repugnancia a la hora de reconocer sus faltas y aún más a la hora de pedir perdón.

Por eso, la tarea de librarse de las pesadas memorias enseñadas durante siglos no es nada fácil. Además, hay algo humillante en el hecho de reconocer culpabilidad, errores. Pero cuando la humillación se transforma en humildad, entonces el perdón nos libera completamente del rol de víctima y nos invita a modificar radicalmente nuestra visión del mundo, así como la interpretación de todo lo que nos pasa.

En la práctica de Ho'oponopono, en el momento en que dices *«Perdón»* o *«Perdóname»*, te diriges el perdón a ti mismo. En ese momento habrás llegado al estadio último que procura el poder del perdón, que te conduce hacia un sentimiento de felicidad indescriptible, a un alivio liberador, a un desapego total. La puerta de tu corazón se abre, finalmente, sin esfuerzo alguno, la luz te invade y te transporta. Es como un nuevo nacimiento.

Se puede ver el perdón como el eje central del proceso de Ho'oponopono. Si la petición de perdón se hace con sinceridad y desde la más profunda humildad, entonces los miedos y la resistencia empiezan a disolverse y a dejar sitio al amor.

El perdón es, verdaderamente, la puerta que te permite pasar de los asuntos del ego a ese espacio infinito de libertad y de paz que están en tu corazón.

El perdón es un acto de amor, una entrega absoluta.

Es a través del don como te conviertes en «uno» con la Fuente divina. «Escogiendo pedir perdón, transformamos nuestro orgullo y la importancia que nos damos frente a la humildad y la simplicidad. Renunciamos a nuestras pretensiones, a nuestra pretendida superioridad y bajamos de nuestra torre de marfil... entonces algo se abre ante nosotros. Deshaciéndonos de la amargura, desembarazándonos de nuestros reproches, encontramos la libertad». (Olivier Clerc, *Le don du pardon*, 2010)

EL BUDA DE ORO

El amor está por todas partes, asegura la cohesión de todas las cosas, del universo, de todos los organismos vivos, de nosotros mismos, tanto si tenemos conciencia de ello como si no la tenemos.

Todo es amor, tú eres amor.

Pero entonces ¿qué te impide acceder a esta maravilla, a ese tesoro que hay en ti? Los miedos. El miedo actúa como un caparazón protector, es una construcción del ego. Es una máscara social que te permite exponerte al mundo.

Ilustremos este problema mediante un ejemplo que tuvo lugar en Tailandia. En 1957, un grupo de monjes se vieron en la obligación de trasladar un gigantesco buda de cerámica, de un templo a otro. Su monasterio tenía que desplazarse para permitir la construcción de una autopista que atravesaría Bangkok. Se necesitó una enorme grúa para levantar el Buda gigante. Pero, como era tan grande, aparecieron fisuras. Luego, para colmo, se puso a llover. Entonces, preocupados por proteger la estatua, los monjes la dejaron en el suelo y la cubrieron con una gran lona para que no se mojara. Por la noche, el prior quiso verificar el estado del buda. Encendiendo una linterna para ver si estaba seco, vio que en las fisuras que se habían producido al moverlo se veían reflejos brillantes. El prior se extrañó de esos brillos y se acercó para ver mejor, porque todo parecía indicar que el buda escondía algo bajo la cerámica. Tanta curiosidad le entró, que se fue en busca de un martillo y un cincel. Se puso a quitar trozos de cerámica pequeños para ir haciendo la fisura más grande. Cuanta más cerámica arrancaba, más brillaba el buda.

Después de pasarse toda la noche quitando trozos de cerámica, el monje quedó estupefacto al ver aparecer ante sus ojos un gigantesco buda de oro macizo.

Los historiadores opinan que, siglos antes, durante la invasión del ejército birmano en Siam (que más tarde se convertiría en Tailandia), los monjes, sabiendo la inminencia del ataque y preocupados por proteger su precioso buda del pillaje y el vandalismo, lo recubrieron con una gruesa capa de arcilla.

Todos esos monjes perecieron durante el ataque, pero el buda no fue tocado porque no parecía tener valor alguno y así, guardando su secreto, se mantuvo intacto hasta que fue descubierto, por casualidad, en 1957.

Durante siglos, ese buda mostró sólo su caparazón basto pero sólido, escondiendo su secreto interior.

Una hermosa historia altamente simbólica que nos enseña que estamos, como el buda de oro, recubiertos de un caparazón creado enteramente por nuestro ego, por culpa del miedo.

LA LIMPIEZA DE LAS MEMORIAS

Generalmente detestamos la capa de arcilla que nos recubre, ese caparazón hecho de miedos, de creencias y de memorias. Sin embargo, todos estaremos de acuerdo en que el buda le debe un agradecimiento infinito y un amor muy especial a la capa de arcilla que lo supo proteger del pillaje y el vandalismo durante tantos años.

Del mismo modo, tenemos que aprender a amar nuestros propios miedos porque esconden un tesoro. Tu misión individual ¿no será deshacerte de ese caparazón, de ese velo que esconde tu verdadera naturaleza y te impide descubrir quién eres realmente?

Ese caparazón es el depositario de un mensaje divino para guiarte en tu propia evolución. Ha cumplido con su papel hasta ahora, que era el de protegerte. Explorando cada faceta de todos tus miedos, podrás desvelar las facetas que corresponden al amor puro que constituye tu Divinidad interior.

El monje budista usó un martillo y un cincel. Tú tienes a tu disposición la más maravillosa de las herramientas. Con Ho'oponopono limpiarás todas las «capas de arcilla» que son tus memorias.

En una noche, el monje hizo aparecer el oro macizo del buda.
Tú tienes la vida entera.

Refuerza tu paciencia, tu confianza en ti mismo, la gratitud y el amor hacia los demás y hacia ti mismo, y la práctica cotidiana de Ho'oponopono te liberará poco a poco de tus memorias, ayudándote a descubrir tu «tesoro» interior a medida que vayas evolucionando, descubrirás el ser de luz que eres realmente.

EL AMOR ESTÁ EN LA UNIDAD

Podemos imaginar el universo como un inmenso puzle. Cada planta, cada ser vivo, tú, yo, cada planeta, todo lo que existe, constituye una pieza de ese puzle. Cada componente es sólo un fragmento del «todo», que llamamos Energía universal, Amor universal, Fuente o… Dios, poco importa el nombre que se le dé. Cada una de dichas piezas es esencial para la composición del Todo. Del mismo modo que cada zona de sombra y de luz es indispensable para la construcción de tu integridad individual, cada ser vivo es indispensable para la composición de la energía universal.

Si se proyecta un haz de luz blanca sobre un prisma de cristal, la luz se refracta y saldrá transformada en un arcoíris. Si se invierte la operación y se proyecta una luz coloreada, todos los colores se unirán hasta proyectar un rayo de luz blanca. A fin de obtener de nuevo aquella luz blanca y perfecta, es necesario que todos y cada uno de los colores que forman el espectro estén presentes. Supón que retiramos una sola vibración del conjunto de colores, aunque sea una mínima parcela, el resultado no será una luz blanca y perfecta.

Imagina que cada ser humano es un color. Si un solo ser humano es rechazado, apartado porque no se le ama, la humanidad no podrá alcanzar completamente el amor perfecto e incondicional, porque todos estamos conectados, unidos en una sola energía que se llama amor.

Acepta a los demás como si fueran una parte de ti mismo.

Cada ser humano debe reconocer y aceptar todas las facetas que componen su totalidad, aunque se trate de odio, ira, lujuria, alegría, paz, etc.

El blanco no es ausencia de color sino todo lo contrario, es la suma de todos los colores. De igual modo, el amor es el conjunto de todos los valores y de todas las sombras, lo engloba todo.

No existe el bien ni el mal, no hay defectos ni virtudes. Simplemente hay memorias que cubren el ser de radiante luz que eres.

Capítulo 2

HO'OPONOPONO DEL MUNDO FÍSICO A LA REALIDAD CUÁNTICA

Dr. Luc Bodin

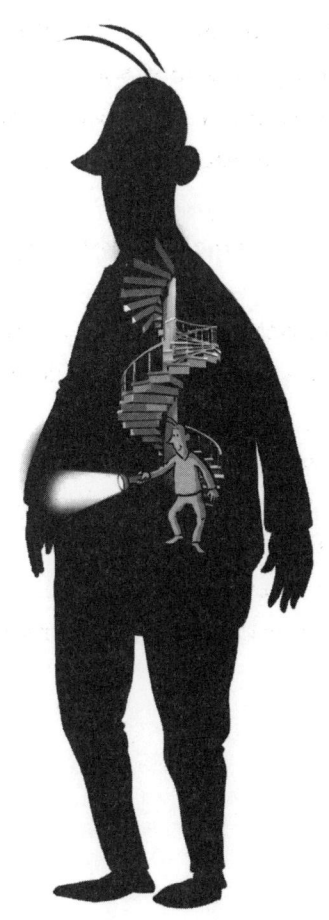

LAS MEMORIAS ERRÓNEAS EXPLICADAS POR LA PNL

«No temas avanzar lentamente, teme, únicamente, no avanzar».
Proverbio chino

Cuando se hace una exposición sobre el Ho'oponopono, a menudo se repite que se trata de una técnica que permite borrar las memorias erróneas porque éstas son responsables de situaciones desagradables en la vida cotidiana. Ho'oponopono nos libera de las bolas de hierro que arrastramos con los pies –a menudo sin darnos cuenta que las arrastramos– que frenan nuestros avances y perturban nuestro juicio.

Sin embargo, en este tipo de discursos, jamás se explica qué son esas famosas «memorias erróneas», a pesar de que parece importante saber cuál es su origen para comprender su mecanismo de acción y para entender por qué es tan importante borrarlas.

La Programación Neurolingüística,[1] más conocida por sus siglas PNL, permite encontrar el origen de dichas memorias perturbadoras. La PNL explica que todas tus posturas en la vida, tus decisiones y tus elecciones están directamente relacionadas con tus valores[2] y tus creencias.[3] Si para ti, por poner un ejemplo, el éxito social es importante, es evidente que la toma de decisiones no será la misma que en una persona que busca complacer y ser querido por los demás.

---

1. La Programación Neurolingüística constituye un conjunto de técnicas de desarrollo personal y de comunicación, establecidas por John Gringer y Richard Bandler en los años setenta, en Estados Unidos. Permite a las personas eliminar sus bloqueos y superar dificultades.
2. Valor: importancia, ocasionalmente exagerada, que una persona da a alguna cosa, a alguna cualidad, a una norma de conducta, que conducen su vida. Pueden ser cosas tales como la honestidad, la confianza o la búsqueda del éxito, el deseo de reconocimiento…
3. Creencia: acción de creer en alguna cosa incluso con ausencia de pruebas objetivas que lo avalen. Puede ser la creencia en un dios, creer que el universo busca nuestra destrucción, que la vida es siempre difícil, etc.

Como todo el mundo, eres portador de valores y creencias que son, para ti, reglas esenciales de vida. La mayoría de ellos provienen de tus padres y de la vida que llevaste en tu primera infancia. Pero éstos pueden ser modificados, transformados, borrados o cambiados en el curso de tu vida, dependiendo de tus experiencias y de la gente que hayas ido conociendo.

Dichos valores y creencias se convierten en evidencias, como que el cielo es azul o el césped verde… Sin embargo, son completamente subjetivas y difieren según las personas. Están tan arraigadas que no te das cuenta de su carácter subjetivo. A pesar de que, al principio, sólo son postulados, poco a poco se van convirtiendo en elementos fundamentales a tu entender, hasta que acaban dirigiendo tu propia vida. Pueden ser cosas como, por ejemplo, el respeto a la palabra dada, la honestidad, el éxito social, la amabilidad, la búsqueda de poder, la familia, el trabajo, ganar dinero, tener poder, conseguir reconocimiento, etc. Todos esos postulados se van convirtiendo, poco a poco, en mecanismos fundamentales, automáticos, a menudo inconscientes… y constituyen una gran parte de «tus memorias».

Entre ellas, un cierto número de creencias pueden ser falsas, limitadoras y tramposas. Ésas son las «memorias erróneas» que te conducen a decisiones poco razonables y a conductas aberrantes. Y todo ello porque tu visión del mundo está falseada por un filtro de creencias y valores irracionales. Por ejemplo, si consideras que el mundo es cruel contigo, que parece buscar tu destrucción, harás poca vida social, te costará salir de casa, ir a ver espectáculos, viajar o, simplemente, conocer gente… Esta actitud, convendrás conmigo, bloqueará tu vida cotidiana y tu evolución personal.

A esas creencias y valores tramposos se añadirán los miedos, que limitarán enormemente tus actividades y tus decisiones. Esos tres elementos están en el origen de la mayoría de las «memorias erróneas».

Vamos a ver, ahora, detalladamente, lo que pasa.

⇨ *Los miedos*[4] provienen principalmente de los miedos de los propios padres o familiares cercanos (también amigos, maestros…), que los transmiten a sus hijos sin darse ni cuenta (en lugar de protegerlos). Transmiten así, a su descendencia, su visión del mundo y de los acontecimientos. Pero no nos echemos las manos a la cabeza: todos los padres, incluso los más atentos, lo hacen y producen el mismo efecto.

> Por ejemplo, el simple hecho de decirle a un niño, para tranquilizarlo: «*No tengas miedo de la tormenta*» le está programando miedo a la tormenta… ¡Nadie le dice a su hijo «*No tengas miedo de la manzana*» o «*No tengas miedo de las nubes en el cielo*»! La simple frase «*No tengas miedo de…*» hace comprender al niño, inmediatamente, que hay alguna razón válida para tener miedo en situaciones semejantes… ¡Aunque la idea del padre sea eliminar el miedo!

Las cosas también pueden tener lugar de manera más sutil, sin necesidad del lenguaje oral. Los niños perciben muy bien el lenguaje no verbal. Perciben claramente el miedo de los padres a través de sus actitudes, como por ejemplo el miedo a la muchedumbre en unos grandes almacenes durante las rebajas… Sin decir nada, los niños registran los comportamientos y los añaden a su propio bagaje.

Los miedos se construyen también, en el transcurso de la vida, según las situaciones vividas: los accidentes, los duelos, los despidos, las separaciones, las agresiones son también situaciones que fragilizan a las personas y son fuente de miedos posteriores: miedo a los accidentes de coche, miedo a perder un hijo, miedo a ser despedido, miedo al abandono de la pareja, etc.

Los miedos bloquean a las personas en sus vidas y les impiden realizarse.

---

4. Miedo: «Sentimiento de inquietud experimentado en presencia de un peligro o ante un pensamiento de peligro» (definición del *Larousse)*. Este peligro puede ser real o imaginario.

➪ *Los valores* intervienen también, directamente, en la dirección y organización de la vida. Todo el mundo tiene entre cinco y diez valores. Constituyen la base sobre la que se gestiona la propia vida. El inconveniente es que, algunos de estos valores, pueden limitar al individuo y evitar que se adapte correctamente, pudiendo bloquear la evolución (como pasaría con una doctrina rígida) o deformar la realidad (como «ser siempre amable»).

> Fue de este modo como una mujer había sido programada desde la infancia en este valor de la amabilidad. Su madre siempre le decía: *«Oh, Sylvie, si fueras tan amable de ir a comprar pan a la panadería...»* o *«Mira, Sylvie, sé amable y ve a buscarme las gafas que me he dejado en el comedor»*. Esas frases aparentemente inofensivas, repetidas cotidianamente, crearon en esa mujer una regla de oro: *«Ser siempre amable»*..., ¡con todo el mundo! Esa regla de oro le trajo muchos problemas en su vida adulta, particularmente en su vida amorosa, porque esa mujer no sabía decir que no. Su permanente amabilidad la llevó a casarse tres veces sin sentir, en ninguno de los tres casos, el menor enamoramiento. Pero a ella nunca se le hubiera ocurrido decir que no. Naturalmente, las tres bodas fueron seguidas por tres divorcios y una dolorosa vida solitaria. Hasta el día que comprendió que esas situaciones eran, todas, fruto de una memoria errónea: la de ser «siempre amable». Ho'oponopono la ayudó a borrar ese valor pernicioso. Después comenzó a ser ella misma. Realmente sintió que estaba viva y sus problemas sentimentales se resolvieron.

La mayoría de los valores derivan de los padres. Suelen ser una amalgama de los valores del padre y de la madre porque, obviamente, todos los niños quieren complacer al padre y a la madre para obtener su reconocimiento y afecto, de manera inconsciente. Pero algunos valores también pueden desarrollarse solos a lo largo de la vida, según las vivencias y las experiencias de cada cual.

↬ *Las creencias* son informaciones no verificadas, a menudo no verificables, que la persona considera como verdades absolutas. Suelen provenir de la educación y, por lo tanto, de los padres, la familia, los maestros y la gente próxima. Algunas creencias se construyen durante la vida, según los éxitos y fracasos de las situaciones a las que nos enfrentamos. Las creencias son elementos con los que el individuo aprehende y modela su vida. Puede ser, por ejemplo, la creencia de que el mundo es peligroso o que es preferible no mostrar las emociones, o que uno no vale nada, que existe una justicia divina, que existe la reencarnación, etc. Una creencia cambia la forma de ver la vida. Hace muchos años, una canción de Johnny Hallyday decía: «*Tengo un problema, me parece que te quiero*». Ese mensaje se imprimió en miles de jóvenes de la época: «*Te quiero = tengo un problema*», cosa que podría ser el origen de una creencia nefasta para desarrollar la vida amorosa.

Las creencias pueden afectar a numerosos aspectos de la vida. Uno de los casos más comunes es la creencia religiosa: el individuo no tiene prueba alguna de la existencia de Dios —ni de su no existencia—, sin embargo, la fe suple la falta de pruebas y la fe suele ser indestructible. Basta con constatar el número de muertos que hay, cada año, en el mundo, en nombre de la religión. Eso muestra hasta qué punto las creencias son poderosas.

*Los miedos, los valores y las creencias son, pues, elementos subjetivos,
presentes en ti, que dirigen tu vida y tu destino.
Condicionan tu pensamiento y, por la ley de la atracción,
atraen situaciones que les corresponden, es decir,
situaciones de la misma naturaleza.*

Los valores y las creencias armoniosas atraen situaciones beneficiosas para ti y para tu evolución. Por el contrario, los miedos, los valores y las creencias deformadas, atraen acontecimientos que, justamente, se intentan evitar, constituyendo situaciones desagradables.

Los miedos, los valores y las creencias son lo que Ho'oponopono denomina «memorias erróneas».

También podemos contemplar el problema a la inversa: cuando vives una situación desagradable significa que, generalmente, hay por debajo algún miedo, algún valor o una creencia inadaptada (memoria errónea). Siendo consciente de ello, puedes escoger entre conservar ese valor o eliminarlo.

Si consideras que tu valor es la honestidad, concluirás que es un buen valor que merece la pena conservar. También puedes concluir que el miedo que le tienes a la vida es útil y justificado, queriéndolo conservar de todos modos. Incluso puedes concluir que la creencia de que no vales para nada es acertada y, por tanto, la quieres mantener.

A eso se le llama libre albedrío.

Pero también puedes considerar que sólo son filtros que falsean tu visión de la vida y nublan tu juicio, que son frenos, incluso obstáculos, para tu evolución y desarrollo personal. También puede que quieras que desaparezca la situación desagradable. Si es ése el caso, entonces querrás borrar las memorias que juzgues erróneas o perturbadoras para ti, a través de Ho'oponopono. Así las eliminarás utilizando la energía del amor.

LAS SITUACIONES CONFLICTIVAS

«Lo que no queremos saber de nosotros mismos, acaba por llegarnos del exterior en forma de destino».
C. G. Jung

Los conflictos,[5] es decir, los problemas, las contrariedades, la ansiedad que se siente por uno mismo o por los demás, son frecuentes en la vida de cualquiera –por no decir obligatorios–. Siempre se desarrollan en dos tiempos:

⇨ *La fase del conflicto activo,* esto es, el período durante el cual no se encuentra una solución. El problema está siempre presente, va dando vueltas en tu cabeza. Toda tu atención se focaliza en él –lo que consigue reforzarlo, aumentarlo–, olvidando todo lo que pasa a tu alrededor… Esta obsesión no te ayuda en nada, no puedes relativizar el problema y aún menos encontrarle una solución. El conflicto puede durar, de este modo, meses, años e incluso toda la vida.

En esta situación, conviene tomar distancia en relación a uno mismo, por ejemplo, cambiando ciertas ideas (vacaciones, ocio, salidas…) y siendo consciente de que somos nosotros los únicos creadores de la situación, porque es el resultado de una memoria errónea que Ho'oponopono borrará eficazmente si así lo queremos. Basta con que *tú* cambies para que *la situación cambie*. No esperes cambios en los demás. No eres ninguna víctima. Eres el maestro de tu vida.

---

5. No hay que tomarse la palabra «conflicto» en el sentido de combate. Aquí se utiliza en el sentido de «situación problemática». Por ejemplo, un conflicto con la pareja no implica, necesariamente, un desacuerdo con ella. Pueden tenerse conflictos de pareja derivados de un problema de salud, de trabajo o de otras cosas.

⇨ *La fase de resolución del conflicto* constituye el segundo tiempo. La persona encuentra en ella –o gracias al Ho'oponopono– las fuentes necesarias para sobrellevar la situación o solucionar directamente el problema. Entonces se inicia la fase de la convalecencia y recuperación, que suele acompañarse de cansancio e infecciones pasajeras.

No obstante, muchos conflictos ya resueltos dejan secuelas psicológicas, como ciertas dolencias mentales. Dichas secuelas pueden programar nuevas creencias, nuevos miedos y nuevos valores y, entre ellos, alguno puede ser fuente de memorias perturbadoras y erróneas..., como una debacle económica que puede acabar siendo aceptada por la persona pero llevarla a un debilitamiento de su autoestima o al miedo a verse arruinado en el futuro. En esto, también, Ho'oponopono puede ayudar a superar los sentimientos perturbadores.

Así, durante un conflicto, Ho'oponopono puede intervenir para favorecer la liberación, borrando la memoria errónea que causa el problema, pero también borrando las memorias erróneas que se hayan podido crear tras el problema. Podríamos decir que son *memorias erróneas ¡que nacen de memorias erróneas!* Ello muestra cómo muchas situaciones pueden complicarse con el tiempo.

> Por ejemplo, a una persona la han despedido repetidamente de diferentes trabajos por culpa de una creencia (memoria errónea) que le repite «no eres buena para nada». Los sucesivos despidos generan nuevas memorias erróneas como «el miedo a un nuevo despido», el «miedo a no tener ingresos» e incluso la creencia de que «el mundo es cruel», etc. De este modo, se constituyen nuevas memorias erróneas tras acontecimientos provocados por otras memorias erróneas anteriores. Eso puede convertirse en una cadena infinita.

Por eso, cuando aparece un episodio desagradable, hay que practicar Ho'oponopono varias veces para borrar eficazmente *todas* las memorias que se van añadiendo. El doctor Len, en su consulta, practicaba Ho'oponopono diariamente sobre los informes de sus pacientes. Necesitó varios meses para empezar a ver los primeros resultados en forma de mejora en sus pacientes.

Tras una situación difícil pueden esconderse numerosas memorias erróneas. Sólo cuando todas ellas hayan sido borradas, la situación vivida mejorará.

EL CICLO DE LOS CONFLICTOS

«No busques cambiar el mundo, busca cambiar tu manera de ver el mundo».
Jeshua, *Un cours en miracles*

Quizás te hayas dado cuenta de que las situaciones desagradables que vives en tu vida tienen la enojosa costumbre de repetirse, como los despidos en serie, las rupturas sentimentales, la falta de dinero, el fracaso en los estudios... Puede darte la impresión de que la vida se ensaña contigo. Lo cierto es que no es así en absoluto. La causa no viene de que el universo tenga oscuras intenciones hacia ti, sino de que ciertos miedos o creencias o valores que llevas en tu interior perturban tus pensamientos, llamando, por simpatía, a situaciones desagradables del mismo tipo. Además, como te pasas el día con los mismos pensamientos negativos, atraes situaciones conflictivas del mismo tipo que tus pensamientos. Es lógico.

Así, lejos de ser un rayo en mitad de un cielo azul, un conflicto suele tener precedentes, es decir, que ya debes de haber tenido, en el pasado, conflictos del mismo género que has obviado o incluso dejado sin resolver. Como la memoria errónea no ha sido borrada, siempre está activa y continua atrayendo situaciones idénticas, creando un «ciclo de conflictos».

El ciclo personal de los conflictos

Este mecanismo explica por qué recreas sin cesar el mismo género de situación conflictiva. Tu memoria errónea empezó, por regla general, produciendo en tu vida pequeñas molestias como contrariedades, pequeñas vejaciones, pequeños fracasos. Éstos se olvidaron pronto y no se te ocurrió buscar su origen. La memoria errónea, sin embargo, se mantuvo viva en tu interior. Un tiempo más tarde, vuelve a manifestarse y a producir una situación del mismo tipo, pero siempre más desagradable que la anterior…, y si la sigues ignorando, volverá a aparecer con el tiempo. La memoria siempre estará ahí. Engendrará nuevos conflictos que serán más fuertes que los precedentes. Ignorados, con los años, se convertirán en episodios violentos cada vez más potentes, hasta desencadenar acontecimientos dramáticos, como divorcios, accidentes, enfermedades graves, duelos.

La solución consiste, evidentemente, en la toma de conciencia sobre el origen de los conflictos repetitivos, que son las memorias erróneas que están dentro de ti y que conviene borrar si quieres que los problemas recurrentes cesen definitivamente.

Una joven se casó dos veces y se divorció otras tantas por la misma razón: sus maridos la pegaban. Tras su segundo divorcio, empezó a frecuentar a un hombre joven que, también, se puso a darle palos con el tiempo. Asqueada con el género masculino, decidió vivir sola con su hijo… ¡que acabó pegándola también! Era necesario que esa mujer comprendiera que esas situaciones eran el producto de una memoria errónea que llevaba dentro y que tenía que borrarla si no quería que se repitiera el problema indefinidamente (lo cual no excusa ni justifica, obviamente, el vergonzoso comportamiento de esos hombres).

También puedes considerar que si en lugar de esperar que llegue el drama, se borra el origen en los primeros episodios molestos, nos evitaremos un montón de amarguras. Por eso es tan importante practicar Ho'oponopono en todos y cada uno de los episodios desagradables que aparecen en la vida: una simple tristeza, una contrariedad, la evocación de un recuerdo doloroso, un pensamiento deprimente, una mala noticia... Porque la limpieza de la memoria evitará que regrese con el tiempo de manera más violenta y desagradable.

Esos conflictos vuelven cíclicamente, con una periodicidad diferente según las situaciones y las personas. Cada vez que aparecen, aunque la situación sea distinta, los conflictos son del mismo orden; pero también son más violentos que los precedentes..., como para obligar a la persona a tomar conciencia de que tiene una memoria errónea.

El origen del primer conflicto

El primer conflicto de un ciclo puede provenir de cualquier momento de la vida de una persona. En la mayoría de los casos, empieza en la infancia, a veces en la más tierna infancia. Hay niños maltratados y vejados por sus compañeros, niños con fracaso escolar y niños generadores de violencia.

Sin embargo, el origen del primer conflicto puede remontarse aún más lejos, como por ejemplo el día del parto e incluso en la vida intrauterina. Este género de conflictos es mucho más frecuente de lo que se piensa.

⇨ Durante el embarazo *(in utero)* el niño siente todo lo que vive su madre: problemas de pareja, violencia física o mental, miedos, tristezas, riesgos del parto... El feto lo registra todo. Además, en algunos casos, cuando aparece la noticia del embarazo, algunas parejas se plantean si tener el bebé o no. Eso constituye un trauma tremendo que puede generar miedos. También hay muchos niños no deseados por el padre o la madre, lo cual originará también miedos, creencias y valores perturbadores.

⇨ El parto, además de su vertiente traumática físicamente, tanto para la madre como para el hijo, constituye el primer conflicto de separación para el bebé, separación de su madre, que lo ha sido todo para él, durante su gestación. Durante el embarazo, ella le asegura amor, alimento, calor y protección. Después, en el curso de la vida, este conflicto de separación se renovará frecuentemente: ir a la guardería, al cole, al trabajo, casarse, divorciarse, mudarse...

Los primeros conflictos y, por lo tanto, las primeras memorias erróneas pueden provenir de la vida intrauterina o del día del parto. Estas situaciones serán frecuentes en la vida de todo individuo.

Pero el origen del ciclo de conflictos puede remontarse más lejos en el tiempo. Veamos el punto siguiente:

El ciclo familiar de los conflictos

Algunos autores como Anne Ancelin Schützenberger[6] o Paola del Castillo[7] encuentran un origen familiar a numerosos conflictos. Con esta premisa nació la psicogenealogía.[8] Es cierto que hay situaciones que se repiten de generación en generación: cáncer de mama, divorcios a la misma edad, ruina económica en determinado momento..., lo que lleva a pensar que las memorias erróneas se transmiten de padres a hijos.

---

6. Véase, por ejemplo, *Exercices pratiques de psychogénéalogie pour découvrir ses secrets de famille,* Payot & Rivages, 2011.
7. *La psychogénéalogie appliquée,* Quintessence, 2002.
8. Definición de Wikipedia: «*Teoría propuesta por la doctora Anne Ancelin Schützenberger, de la Universidad de Niza, según la cual los acontecimientos, traumas, secretos, conflictos... vividos por los ancestros de un sujeto, condicionan sus problemas psicológicos, sus enfermedades o sus comportamientos extraños o inexplicables*».

Hay muchos elementos que sustentan –y explican– esta tesis de ciclos conflictivos familiares. Para empezar, está la herencia que proviene de los padres y, a través de éstos, de los abuelos y demás ancestros. Pero tampoco podemos olvidar la educación recibida de los padres, con sus miedos, sus valores y sus creencias..., así como las memorias erróneas. Entre la herencia recibida de los ancestros, que sería la herencia innata, y la educación parental, se pueden explicar la aparición de situaciones idénticas en los niños y sus padres o abuelos.

Más adelante trataremos de la epigenética,[9] que constituye un nuevo descubrimiento en el ámbito de la genética y muestra que la expresión de los genes se ve influenciada por el modo de vida y los acontecimientos vividos. De este modo, lo que vivieron tus abuelos pudo modificar tus genes. Y esas modificaciones se transmitieron a las generaciones siguientes. Este fenómeno epigenético permite comprender la importancia de la genética en los ciclos de conflictos familiares.

> Si tomamos el ejemplo de un cáncer de mama en una mujer que es madre y en su hija unos años después, es posible avanzar diversas explicaciones al fenómeno:
> —La presencia de genes cancerígenos que han sido transmitidos de madre a hija como los genes hereditarios BRCA1 y BRCA2;
> —hábitos de vida idénticos, enseñados por los padres a sus hijos durante la infancia: alimentación, alcohol, tabaco, actividades deportivas, etc.;
> —una forma de pensar idéntica, inculcada en la infancia: lo que está bien, lo que está mal, «eres guapo», «eres un burro», etc., que son fuentes de miedos, de valores y de creencias. Se trata de una especie de filtro familiar a través del cual el niño verá el mundo durante toda su vida;
> —el mimetismo de los niños en relación a sus padres.

---

9. Rama de la genética interesada en la influencia del entorno y de las vivencias personales sobre la expresión genética.

En la edad adulta encontraremos oficios idénticos, actitudes idénticas: padre e hijo, alcohólicos; madre e hija, divorciadas a la misma edad, etc. El niño, una vez adulto, recrea inconscientemente las mismas situaciones que vivieron sus progenitores (a menudo a las mismas edades) tanto las buenas como las no tan buenas.

En definitiva, no es fácil decidir la razón exacta por la que una chica joven reproduce el mismo cáncer que su madre. Sea cual sea la causa, está claro que el problema pasa de una generación a otra.

Un ejemplo nos lo da Louise, que no había conseguido encontrar al hombre de su vida. A pesar de ello, no quiso renunciar a su maternidad. Escogió un «genitor» del que tendría un hijo que criaría ella sola. Unos años más tarde, haciendo su árbol genealógico, descubrió con estupefacción que una antepasada suya –una tía abuela que también se llamaba Louise– fue madre soltera. Más lejos en el tiempo, encontró otra antepasada que igualmente fue madre soltera. Así, en su familia había, por lo menos, tres mujeres (dos de las cuales compartían nombre) que criaron solas a sus hijos. ¡Es difícil hablar de coincidencia!

Según la psicogenealogía, son las *siete últimas generaciones,* básicamente, las que influyen de manera directa en la herencia de un individuo y las que pueden transmitir memorias erróneas a sus descendientes. Para las generaciones más antiguas, las memorias se borran solas, se diluyen en el tiempo. Lo cual es lógico y tranquilizador, ¡de lo contrario nos tendríamos que remontar a Adán y Eva! Aunque algunos se empeñen en querernos hacer pagar el «pecado» de Adán y Eva en el paraíso.

Entre las siete generaciones que tienen influencia real sobre los descendientes, parece que la generación de los abuelos es la más predominante, más aún que la de los padres.

Existe lo que se denomina un «contrato familiar» firmado en el inconsciente familiar, que otorga a cada cual un lugar o una misión precisa, desde el momento en que nace, como por ejemplo ocuparse de sus hermanos y hermanas, hacer de nexo entre todos los miembros de la familia u ocuparse de padres y abuelos enfermos. Otro ejemplo nos lo da Salomon Sellam, que describió el fenómeno del *síndrome del yacente*.[10] Explica en su libro que numerosos hijos se encuentran obligados, mediante un contrato familiar inconsciente, a reemplazar a un miembro de la familia desaparecido (un tío muerto en la guerra, un hermano muerto en accidente…). La elección misma del nombre de un bebé lo predispone a dicho reemplazo: Renato (re-nacido), por ejemplo… Al niño, por su parte, no se le informa de la carga que le impone más o menos inconscientemente su familia. Se doblegará a su destino, aunque sea haciendo de tripas corazón. Pero el día que tome conciencia de ese peso impuesto, su vida se iluminará y aparecerán colores, dejando de ser su vida una escala de grises.

Ho'oponopono podrá ayudarte a borrar esta memoria, aunque parezca haber sido impuesta por la familia, sólo pertenece a la persona que la sufre y que crea las situaciones propicias para ello.

Es difícil entender que el simple hecho de descubrir el origen familiar de un conflicto —que suelen ser secretos de familia o una memoria familiar errónea— le baste a un individuo para encontrar una solución. Pero el descubrimiento suele actuar como reactivo, como un detonante para solucionar el problema. Es como si la persona supiera de siempre cuál es la respuesta a su problema pero no pudiera verla. También, cuando la causa familiar se pone al día, cuando se verbaliza, la persona siente inmediatamente, en su fuero interno, que lo que acaba de saber es verdad y que todo tiene solución. Entonces solamente desea una cosa: liberarse de la memoria familiar. De hecho, lo que hace es Ho'oponopono sin saberlo.

De esta manera, los conflictos, las situaciones, los problemas, tienden a repetirse de generación en generación. Y se repetirán una y otra

---

10. Salomon Sellam, *El síndrome del yacente, un sutil hijo de reemplazo*, Berangel, 2010.

vez, indefinidamente, hasta el día en que algún eslabón de la cadena familiar encuentre una solución práctica –libere la memoria errónea– y cese así la espiral infernal. Con ello consigue liberar, al mismo tiempo, a los antepasados y a los descendientes del pesado fardo, para que nadie más tenga que hacer frente al mismo problema.

El ciclo de las vidas anteriores y el karma

Aún más lejos en el tiempo, es posible encontrar el origen del ciclo de un conflicto en las vidas anteriores, para los que creen en la reencarnación –y hay que reconocer que los que así lo creen son mayoría en este planeta–. Además, la reencarnación fue excluida del cristianismo en el Segundo Concilio Ecuménico de Constantinopla en el 553, al mismo tiempo que se condenó a Orígenes y el origenismo.[11] Por otra parte, para la bióloga y física Jacqueline Bousquet,[12] la realidad de la reencarnación ¡se puede probar matemáticamente!

Numerosos investigadores –entre ellos el célebre Patrick Drouot–[13] han podido hacer que los individuos se remonten hasta vidas anteriores gracias a técnicas pertenecientes al ámbito de la hipnosis. Los resultados pueden llegar a ser traumáticos, como por ejemplo para una persona que descubre que tiene asma porque, en su vida anterior, murió en una cámara de gas. Otro llega a comprender que su permanente dolor en el pecho se debe al golpe mortal que recibió en el pecho en su anterior vida.

Del mismo modo, los problemas de tu vida actual pueden ser la consecuencia de tu conducta en otra vida. A eso se le llama «carga kármica». Si has sido aborrecible y malvado con los pobres y los indigentes,

---

11. Doctrina muy extendida, en su época, desde Atenas hasta Alejandría, que profesaba la reencarnación de las ánimas. La decisión de condenar el origenismo fue del emperador Justiniano y no del papa Virgilio.
12. Véase www.arsitra.org.
13. Patrick Drouot, *Nous sommes tous immortels*, Éditions du Rocher, 2005.

en la próxima vida serás uno de ellos. Si fuiste infiel a tu esposa, ¡en la próxima el cornudo serás tú!

Obviamente, esto es muy esquemático. La realidad es mucho más sutil que lo que ilustran los anteriores ejemplos. Pero todo ello responde a la ley del karma, que es la ley de la causa y la consecuencia. Cada acción en la vida tendrá consecuencias en tu karma y, por lo tanto, en las situaciones vividas en las vidas posteriores. Comprendiendo esta ley kármica, la lección es: «*No hagas lo que no te gustaría que te hicieran*». Este consejo adquiere todo su sentido, a pesar de su fondo egoísta. Este consejo constituye la mejor manera de preservar tu (buen) karma y, así, tu vida futura.

Una carga kármica puede estar en el origen de una memoria errónea en tu vida presente, que será fuente de situaciones desagradables.
La volverás a encontrar, de vida en vida, hasta que, al final, aportes la solución que la borre.
¡Gracias, Ho'oponopono!

Tú eres el único creador

El origen de los conflictos recurrentes puede encontrarse en el pasado de tu vida presente, en tus vidas anteriores o en la vida de tus ancestros. Pero, de hecho, el origen del problema importa poco. No es indispensable conocerlo para Ho'oponopono.

En cualquier caso, eres tú y solamente tú, el creador de lo que te pasa en la vida. Eres tú quien escogió la familia en que nacer, la que se corresponde exactamente con tu karma, la que te permitirá responder a la pregunta que te haces, la que podrá generar el conflicto que no supiste arreglar en otra vida.

Sólo tú –y solamente tú– has escogido el lugar ideal para crear el conflicto.

Tú eres el creador de la situación. Sólo te queda resolverlo para borrar la carga kármica y continuar con tu evolución.

¿Para qué sirven los conflictos?

Una situación es «conflictiva» porque toca uno de tus puntos neurálgicos, es decir, tus debilidades. Por ejemplo, si sientes antipatía por una persona, sin razón aparente, es porque ésta representa para ti, inconscientemente, un aspecto de ti mismo que rechazas o que no te gusta en absoluto.

El conflicto, la situación desagradable, el problema, aparece para enseñarte la existencia de ese aspecto de tu personalidad que no quieres ver. Si no lo arreglas, la vida te impondrá, regularmente –cíclicamente– y cada vez con más violencia, el mismo conflicto, hasta que, finalmente, aceptes prestarle atención…, tanto en esta vida como en la siguiente, si fuera necesario.

En definitiva, el conflicto está ahí para obligarte a trabajar en esa parte de ti mismo que no te gusta o no es buena. Su solución, su eliminación, permitirá levantar el bloqueo que te impide evolucionar. De este modo, cuando resuelves un problema o un conflicto psicológico, sales con las pilas cargadas, como transformado, y tu evolución personal se reemprende.

El aspecto más admirable de Ho'oponopono es el de solucionar conflictos simplemente a través de la aceptación, borrando las memorias nefastas y haciéndolas desaparecer definitivamente.

LA MEMORIA DE LOS ACONTECIMIENTOS

«Conocer no es demostrar ni explicar.
Es acceder a la visión».
Antoine de Saint-Exupéry

Cada día se viven numerosas experiencias. Millones de informaciones llegan cotidianamente a nuestro cerebro. Hay que hacer la tría de lo que se va a guardar en la memoria y lo que se va a borrar. Al menos eso es lo que considera la medicina tradicional.

Durante el sueño, el cerebro efectúa un proceso de memorización haciendo la selección de recuerdos que quiere conservar y eliminando el resto. Ahora bien, durante este período de reposo, el organismo no necesita gastar energía en actividades como las que tienen lugar de día: andar, comer, concentrarse, moverse... Entonces, puede concentrar toda la energía en la restauración del cuerpo y la gestión de los recuerdos.

Los ciclos del sueño

Una noche de sueño está constituida por cuatro o seis ciclos compuestos, cada uno de ellos, por cuatro fases:
—El sueño ligero o vigilia serena, constituida por ondas alfa (de 8 a 13 Hz).
—El sueño lento y ligero, caracterizado por ondas theta (de 4 a 7 Hz), fase durante la cual el durmiente pierde todo contacto con su entorno.
—El sueño lento y profundo, caracterizado por ondas delta muy lentas (de 0,5 a 4 Hz). Ésta es la fase más profunda del sueño. Contribuye a la gestión de las informaciones que serán, seguidamente, tratadas durante el sueño paradójico.

> —El sueño paradójico, caracterizado por ondas theta y ondas alfa. Aquí aparecen sueños intensos que comportan el 65-70 por 100 de los residuos de la jornada y un 30-35 por 100 de los dos días precedentes. Se trata de una etapa importante de la memoria a largo plazo, de la gestión de las emociones y del equilibrio psíquico.

El sueño permite al cerebro consolidar los aprendizajes e integrar la información en la memoria a largo plazo. Sólo las informaciones pertinentes, útiles o importantes se conservarán, las otras se olvidarán para dejar paso a las novedades del día siguiente. Esto constituye la versión oficialmente admitida por la medicina alopática. Pero nosotros dudamos de su veracidad.

Las experiencias en las que he participado, en materia de sofrología, en el Centro de Orientación Comportamental y Psicológica de París, en los años ochenta, me han demostrado que todos los acontecimientos de la vida se conservan en la memoria humana.

Así, un hombre de sesenta años era completamente capaz de recordar, con gran precisión, cómo fue vestido el día que dio su primer paso, lo que había tomado para desayunar y cosas que había hecho ese día, etc. Es impresionante constatar la capacidad fenomenal de nuestra memoria cuando la mente y la consciencia se cortocircuitan, como en una sesión de sofrología. En esos estados modificados de consciencia, se puede constatar que la persona ha estado conservando todas las informaciones de su vida, desde las más pequeñas e insignificantes hasta las más traumáticas.

Esta memoria «total» está ahí, presente –no forzosamente en el cerebro–, pero no tenemos acceso directo a ella, contrariamente a la memoria habitual, que nos sirve en el día a día. Ya no tenemos acceso, por ejemplo, a las lecciones de historia que aprendimos a la fuerza en primaria. Sin embargo, están en algún lado, inscritas en la memoria.

Ante esta capacidad fenomenal de la memoria, constatada en estados sofrónicos, es lógico pensar en todas las pequeñas contrariedades, todos los pequeños rencores, las pequeñas frustraciones que hemos vivido y que no recordamos conscientemente, pero que están presentes en los pliegues más profundos de la memoria y que pueden ser fuente de memorias erróneas... que hay que borrar.

PSICOLOGÍA Y HO'OPONOPONO

> *«Hay que vivir como se piensa*
> *o se acaba pensando como se ha vivido».*
> Paul Bourget

La psicología está muy interesada en el funcionamiento de los fenómenos psíquicos del ser humano, es decir, en su vida mental. Las exploraciones que ha efectuado la han llevado a distinguir, en el seno de la mente humana, entre un consciente que nos permite aprehender nuestra existencia y el mundo exterior, y un inconsciente que representa la cara oculta de la mente, la parte sumergida del iceberg. Ahora bien, todo el mundo cree que las elecciones las hace su mente consciente, que es ella quien toma las decisiones y organiza la vida. Pero, de hecho, a decir de los psicólogos, todos estamos dotados de un consciente y de un inconsciente, sin que la consciencia sea la que nos dirige habitualmente.

> *Entiende que no es tu consciente el que pilota la nave,*
> *sino tu inconsciente, tu cara oculta.*

Veamos ahora cómo la mente dirige un acontecimiento traumático que aparece en tu vida. El recuerdo del trauma, en primer lugar, alterará tu estado de ánimo hasta que lo digieras, lo aceptes y le encuentres una solución. Pero si no se encuentra ninguna solución o si el *shock* emocional es demasiado doloroso o persiste en el tiempo, la mente aliviará la tensión desplazando el conflicto a las zonas profundas de la memoria, es decir, al inconsciente. Lo malo de este mecanismo automático es que el conflicto sigue sin resolverse, *sine die*. Permanece activo, escondido pero activo, generando ansiedad. Entonces el problema será que sientes angustia pero no saber por qué: normal, porque hay un conflicto escondido en el inconsciente.

De este modo, aunque no seas consciente de ello, aunque ya ni te acuerdes del tema, el conflicto continúa creando estrés, angustia, incluso depresión. Y, para colmo, atraerá nuevas situaciones semejantes, cada vez más desagradables.

Y es que el inconsciente es muy poderoso. Recuerda que todas tus decisiones están mediatizadas por motivaciones inconscientes. ¿Crees haber escogido tal trabajo porque era lo que más te convenía económicamente o para progresar profesionalmente? ¡En absoluto! Ésas son las razones lógicas que te da tu mente consciente para convencerte de que lo hagas.

La verdadera razón puede haber sido complacer a tus padres y conseguir su reconocimiento y admiración, o bien para sabotear tu carrera porque, en el fondo, crees que no vales nada y tienes que fracasar para demostrártelo. Tales procesos son por completo inconscientes. Proceden de tus conflictos no resueltos, de tus creencias, de tus miedos presentes en tu vida inconsciente y que se han convertido en «memorias», es decir, programas que te dirigen. Las buenas memorias te ayudarán en los avances (que no suele ser el caso en las situaciones conflictivas), mientras que las malas memorias generarán nuevas situaciones amargas.

Así, la psicología explica perfectamente que tus conflictos, y las emociones que se les asocian, cuando no están regulados, acaban por entrar en tu inconsciente –convirtiéndose en memorias erróneas que dirigen tu vida e influyen directamente en tus decisiones.

Por eso es importante agradecer a los acontecimientos desagradables que se hagan presentes en nuestra vida, porque nos demuestran la existencia de memorias erróneas inconscientes –que desconocíamos– y que nos dirigen a nuestras espaldas. Su aparición, a través del episodio desagradable, te permite eliminarlas, liberándote también de la tiránica presencia inconsciente.

En otros términos, la psicología demuestra que las memorias erróneas, responsables de situaciones desagradables, provienen de tu inconsciente. Por eso no sabes que las tienes. Ha sido necesario que sufras un episodio amargo para tomar conciencia de su existencia. ¡Sólo te queda practicar Ho'oponopono!

¡Atención!

Es evidente que en las situaciones graves o en caso de un problema psicológico intenso, Ho'oponopono no puede reemplazar las técnicas actualmente existentes como la psiquiatría, la psicología o el psicoanálisis, pero sí puede complementarlas. Ho'oponopono es un arte de vivir, una herramienta de evolución, pero no un tratamiento.

El sueño

Para Freud, el sueño es el fruto del inconsciente. Es la manifestación de tus pulsiones y deseos inconscientes. El sueño expresa lo que guardas escondido en ti, de manera consciente o inconsciente. Es como una suerte de exutorio, como un bofetón que permite liberar tensiones demasiado fuertes, que estaban presentes en tu inconsciente, para mantenerte en

> equilibrio. La evocación de un recuerdo, durante un sueño, indica que hay algo que debe ser solucionado. Por eso los sueños son otra manera de aprehender las memorias erróneas escondidas en ti. Es interesante, por consiguiente, practicar Ho'oponopono sobre los recuerdos que emanan de tu actividad onírica.

LA EPIGENÉTICA Y HO'OPONOPONO

*«Sólo hay una forma de fracasar:
abandonar antes de haber triunfado».*
Oliver Lockert

Desde siempre, la medicina convencional considera que los genes de los individuos se adquieren, de una sola vez y para siempre, durante la concepción, y que son inmutables hasta la muerte. Sólo las mutaciones —producidas accidentalmente por radiaciones o contaminantes normalmente cancerígenos— son capaces de modificar el genoma.

Pero los descubrimientos de la epigenética[14] obligan a cambiar el punto de vista. La epigenética demuestra que el entorno y los acontecimientos de la vida pueden cambiar la expresión de los genes.

Todo empezó en 1942, cuando el biólogo Conrad Waddington[15] evocó los fenómenos epigenéticos para explicar las implicaciones del entorno sobre los genes y el fenotipo[16] de un ser humano. Sin embargo, hubo que esperar hasta los últimos veinte años para que la epigenética entrase, por fin –aunque tímidamente–, en el ámbito de la investi-

---

14. *Véase* nota 9, página 48.
15. Conrad Hal Waddington (1905-1975), biólogo, paleontólogo y genetista.
16. Fenotipo: conjunto de caracteres observables de un individuo.

gación moderna. Sin embargo, ha revolucionado completamente el pensamiento médico y ha propiciado una novedosa comprensión en la génesis de enfermedades así como en nuevas vías terapéuticas.

Las primeras observaciones en epigenética fueron realizadas por investigadores escandinavos. Éstas pusieron de manifiesto que el estrés, la contaminación[17] (también *in utero*),[18] la mala alimentación,[19] los períodos de hambruna, el tabaquismo e incluso la fecundación in vitro (FIV),[20] pueden modificar los genes de los individuos. También pusieron de manifiesto que dichos cambios eran transmisibles[21] a los hijos y a los nietos... porque se vuelven hereditarios.

Hay que comprender que estas modificaciones no «cambian» los genes, es decir, que no quitan unos genes para poner otros nuevos. No se trata de eso. Los cambios interesarán sólo a la expresión de los genes. Eso significa que abrirán o cerrarán los genes según las circunstancias, con todos los intermedios posibles entre ambos extremos. De esta manera, un gen podrá volverse activo mientras que otro se desactivará y viceversa. No se trata de mutaciones, sino de modificaciones de los genes sin cambio en el ADN.

El ADN humano está constituido por entre un 30-35 por 100 de genes codificadores «que se expresan», y entre un 65-70 por 100 de genes llamados «silenciosos», que constituyen su parte intriónica.[22] Por otra parte, la epigenética es capaz de cerrar genes codificadores para abrir –permitiendo así su expresión– otros que hasta entonces habían sido silenciosos. Ello indica que su campo es amplio, en vista de la gran parte de genes inexpresivos presentes en el ADN.

Para «silenciar» un gen, basta con colocar un grupo metilo (CH_3) en el lugar de un átomo de hidrógeno (H) sobre una base nitrogenada

---

17. *Quotidien du Médecin,* 10/06/2008.
18. *Quotidien du Médecin,* 10/02/2009.
19. *Sciences et Avenir,* 28/10/2008.
20. *Médecine de la reproduction,* vol. 8, n.º 3, mayo-junio 2006.
21. *Sciences et Avenir,* 28/10/2008.
22. Intrón: parte del gen no codifica.

del gen. La secuencia de ADN se vuelve, entonces, muda y no puede fabricar proteínas efectivas. Pero tengamos en cuenta que son estas últimas las que producen la acción de gen.

En los últimos años, numerosos estudios apasionantes se han venido llevando a cabo sobre los fenómenos epigenéticos. Por ejemplo, han permitido demostrar que el modo de vida de los abuelos influyó en la esperanza de vida de sus nietos. Otro estudio efectuado sobre un universo de seiscientas personas[23] ha evidenciado que las modificaciones epigenéticas eran mucho más frecuentes de lo que parecería a primera vista. En efecto, en ese grupo, alrededor de un tercio de las personas presentaban ya modificaciones notables en su genoma, en sólo diez años de experimento.

La epigenética no es, pues, un fenómeno marginal, sino más bien un proceso frecuente. Podría explicar muy bien, por ejemplo, el aumento de enfermedades con la edad, como el cáncer o el alzhéimer.

Las últimas investigaciones en este ámbito han establecido que un cierto número de enfermedades tienen su origen (en parte) en fenómenos epigenéticos. Éstas son, por ejemplo, el cáncer,[24] la obesidad,[25] la diabetes tipo 2,[26] las alergias,[27] el asma, el autismo, la esquizofrenia y la enfermedad de Alzheimer. Todo parece indicar que en un futuro próximo, muchas otras enfermedades se añadirán a esta lista, de momento no exhaustiva.

Otro estudio, llamado GEMINAL (Gene Expression Modulation by Intervention with Nutrition and Lifestyle), aparecido en *Proceedings* de la Academia de Ciencias americana,[28] es apasionante por la cantidad

---

23. *Sciences et Avenir*, 27/06/2008
24. *Centre national de recherche scientifique*, 29/11/2006
25. *Revue médicale suisse*, 28/02/2007
26. *Quotidien du médecin*, 16/06/2008
27. *Quotidien du médecin*, 16/06/2008.
28. *Quotidien du médecin*, 20/06/2008, *Proceedings of the National Academy of Sciences*, vol. 105, n.º 24, pp. 8369-8374.

de puertas que abre. En efecto, se interesa en la evolución y expresión de los genes de hombres afectados por cáncer de próstata, tras efectuar cambios en su modo de vida y sin mediar tratamiento alguno, convencional o no. Fue así como los investigadores empezaron a estudiar el genoma de una treintena de voluntarios que habían rechazado todos los tratamientos convencionales. Todos tenían unas tasas de PSA[29] inferiores a 10 ng/ml y un marcador de Gleason[30] de 6 en las biopsias.

El protocolo que siguieron durante tres meses consistió en:

— modificación de la alimentación, que debía ser pobre en lípidos y rica en alimentos integrales y alimentos crudos;
— suplementos de soja, de selenio, aceite de pescado y vitaminas C y E;
— gestión del estrés mediante yoga, estiramientos y relajación, una hora al día;
— caminar media hora diaria;
— grupo de apoyo una vez por semana.

Tras este protocolo, se hicieron nuevas biopsias tumorales con estudios nuevos del genoma. Los resultados pusieron de manifiesto numerosas modificaciones genómicas favorables, particularmente en la subregulación (disminución en la expresión) de ciertos genes cancerígenos como los oncógenos de la familia RAS (RAN, RAB14 y RAB8A) y el gen SHOC2, que favorecen la activación de los andrógenos y la división celular. Los genes activadores del factor de crecimiento (IGF) también fueron regulados. Por otra parte, los PSA libres (marcadores prostáticos) mejoraron en todos los participantes.

Así, un cambio de hábitos en el modo de vida puede cambiar la expresión de los genes cancerígenos en sólo tres meses...,

---

29. PSA: Prostatic Specific Antigen. Es un marcador sanguíneo de cáncer de próstata.
30. Marcador de Gleason: indicador de la agresividad de un cáncer que va de 2 a 10, correspondiendo el 10 a los cánceres más agresivos y más evolutivos.

lo cual contribuye enormemente a la curación de esta enfermedad complementando, evidentemente, los tratamientos convencionales.

Este estudio confirmó también que el psiquismo –mediante la gestión del estrés y la expresión verbal de los conflictos que se incluían en el protocolo– interviene de manera notable en los procesos epigenéticos.

Esta noción ya había sido observada por los primeros investigadores al darse cuenta de que las vivencias de las personas[31] eran capaces de producir modificaciones a nivel de ADN. Ello implica que el pensamiento y las emociones pueden interferir en la expresión de los genes.

Esto nos lleva a las experiencias de Wladimir Popenon,[32] en 1990, en el Instituto HeartMath (California), que son por completo revolucionarias. Han demostrado que:
— el ADN reacciona inmediatamente a las emociones de su antiguo huésped,[33] incluso cuando éste está a cientos de kilómetros. Las vibraciones emitidas por el ADN aumentan o disminuyen según los sentimientos del antiguo huésped, sin que el tiempo ni la distancia tengan influencia alguna sobre el fenómeno;
— la estructura del ADN se modifica en función de las emociones de su antiguo huésped. Su espiral tiende a relajarse con pensamientos positivos y a estrecharse con los pensamientos agresivos;
— el ADN del cuerpo tiene influencia directa en la materia y, por lo tanto, en el mundo exterior. Se ha demostrado, particularmente, por su acción sobre los fotones o partículas de luz. Se ordenan en presencia de ADN y, lo más importante, siguen ordenados aunque se retire el ADN.

---

31. *Sciences et Avenir,* 27/06/2008 y *Sciences et Avenir* 28/10/2008.
32. Físico ruso cuyas hipótesis son reflejadas por Gregg Braden.
33. *Nexus,* noviembre-diciembre 2004, pp. 44-45.

La estructura del ADN puede ser comparada a la del lenguaje, donde las moléculas serían las letras de un alfabeto.[34] Además, parece poderse programar con la ayuda de palabras o vibraciones (sonidos, piedras, luces, rayos de luz…).

> Tus emociones y tus pensamientos son capaces de cambiar tu ADN, que, por su parte, actúa sobre la materia y cambia tu universo. Este mecanismo explica perfectamente el funcionamiento de Ho'oponopono: la eliminación de una memoria errónea provoca un cambio en tus emociones y pensamientos, lo que conduce a una inmediata modificación en tu ADN que, a su vez, cambiará tu entorno gracias a su acción sobre la materia.

Los procesos epigenéticos permiten, pues, aprehender mejor, incluso explicar en parte, el proceso de acción de Ho'oponopono.

LA RAÍCES CHAMÁNICAS DE HO'OPONOPONO

«Lo nuevo está siempre dentro y jamás fuera.
Todo está en ti y no fuera de ti».
Gitta Mallasz, *Dialogues avec l'ange*

El chamanismo

El chamanismo se practica en nuestro planeta desde hace milenios. Ciertos autores afirman que el chamanismo debutó en Siberia o en Asia Central. Pero su carácter ubicuo en todo el planeta hace dudar de un punto de origen concreto. Además, el chamanismo fue extensa-

---

34. *Les yeux d'Uranie*, François Sauvageot, Institut des Sciences de la Communication du CNRS (ISCC).

mente usado en toda Europa. La mayoría de las cavernas prehistóricas fueron, otrora, lugares ceremoniales donde se realizaban viajes chamánicos regularmente. Los druidas fueron, en sus tiempos, grandes chamanes. En Grecia, Platón habla de chamanes al referirse a determinados sacerdotes que empleaban técnicas para abandonar el cuerpo.

Al ser de transmisión oral, el chamanismo ha desaparecido de muchas regiones, pero permanece muy vivo entre algunos pueblos como el mongol, los pueblos amerindios y los aborígenes australianos.

El chamanismo está íntimamente ligado al pensamiento animista, que dota de espíritu a todos los elementos naturales, como plantas, rocas, viento o lluvia. Todo ello está animado con su propia forma de vida y, por tanto, debe ser respetado.

El chamán establece un nexo entre el mundo material y el mundo inmaterial, el de los espíritus. Viaja hasta el mundo invisible para buscar respuestas a las preguntas que se hace la tribu (lugar donde ubicarse, lugar donde cazar…) o un miembro concreto (enfermedad, problema relacional, problema conyugal…).

Los orígenes de Ho'oponopono

En su origen, Ho'oponopono era un ritual utilizado por la población de las aldeas en las islas hawaianas para solucionar los problemas comunitarios. Se trataba de un procedimiento de reconciliación. Consistía en reunir a todos los habitantes de la tribu a fin de que compartieran sus problemas y sus conflictos. Una vez llevado a cabo, cada uno pedía perdón por haber tenido pensamientos inadecuados o erróneos y por haber sido fuente de problemas.

Ahora bien, en aquellos tiempos, Ho'oponopono estaba organizado por los chamanes. Se inscribía en la vía del respeto a los espíritus, los cuales se relacionaban también con la Divinidad. Es así como los pensamientos emitidos y las acciones realizadas por los hombres, si provienen de memorias erróneas, perturban el mundo de los muertos. Los pensamientos y las acciones negativas corren el riesgo de llamar –o crear– entidades perturbadoras. Ho'oponopono fue, pues, empleado como técnica de reconciliación entre los miembros de la tribu, pero también servía –sobre todo– para que la tribu permaneciese en perfecta armonía con los espíritus de la naturaleza que la rodeaba. Eso le permitía atraer buenas vibraciones.

Ho'oponopono moderno

Con el tiempo, este ritual fue olvidado. Hubo que esperar a la segunda mitad del siglo XX para que una chamana hawaiana, Morrnah Nalamaku Siemona, pusiera este ritual al día con perspectivas modernas. Ella era *kahuna lapa'au,* es decir, curandera y guardiana del secreto (*kahuna* significa «guardián del secreto» y *lapa'au* significa «especialista en curaciones»).

Morrnah explica: *«Somos la acumulación de todas nuestras experiencias, lo que implica que venimos cargados con nuestro pasado a las espaldas».* La memoria proviene de cada experiencia y se almacena en forma de pensamiento en el cuerpo etérico, que es el cuerpo sutil más próximo al cuerpo físico.

Inspirándose en el antiguo ritual, concibió un nuevo protocolo que puede practicarse en soledad, sin ayuda de otra persona. Hace un llamamiento a la Divinidad que hay en cada uno de nosotros, para curar pensamientos y memorias perturbadoras. Se trata, por tanto, de un proceso de reconciliación con uno mismo gracias a la energía del amor.

Ho'oponopono nos dice que somos los creadores de lo que nos rodea y que, cambiando los pensamientos, podemos armonizar nuestra vida. Todo ello no se aleja del punto de vista chamánico del método ancestral. En efecto, éste consideraba que los pensamientos erróneos de los individuos tenían una acción nociva en los espíritus que habitaban entre ellos y, como respuesta, propiciaban situaciones desagradables. Inversamente, positivando los pensamientos y borrando las memorias perturbadoras, los mismos individuos recuperaban la armonía con los espíritus del mundo invisible y obtenían compensaciones.

La constitución del ser humano

Ho'oponopono permite recrear el equilibrio entre el mundo exterior (visible e invisible) y el mundo interior. Por otro lado, eso que llamamos «la identidad de uno mismo» se compone de cuatro elementos:

— *unihipili* o subconsciente, que almacena la memoria de las experiencias pasadas y las emociones;
— *uhane* o consciente, que corresponde a nuestra razón y nuestra inteligencia;
— *aumakua* o Yo superior (alma) que se sitúa en otra dimensión;
— destello o esencia divina, donde se crea la conciencia de uno mismo y las inspiraciones.

Lo ideal es que los cuatro elementos se mantengan en equilibrio. Es interesante apreciar que la medicina actual piensa lo mismo acerca del consciente y el inconsciente (evidentemente, en medicina no se habla de alma ni de destello divino) y opina que deben estar en equilibrio para mantener la salud mental de los individuos.

El objetivo de Ho'oponopono es recrear el equilibrio entre las cuatro partes de tu identidad, a fin de que puedas reconectarte con tu destello divino (o Divinidad interior), recuperando la paz interior. Para Morrnah Nalamaku Simeona: *«La paz empieza en uno mismo»*.

Y añadía: «*Estamos aquí sólo para aportar paz a nuestras vidas, y si lo conseguimos, todo encuentra su justo sitio a nuestro alrededor, su ritmo y la paz*».

Según la visión chamánica, Ho'oponopono permite reencontrar el equilibrio interior y exterior, con uno mismo y con los espíritus de la naturaleza.

Los seres humanos están agobiados por su pasado. Cuando experimentan estrés o miedo, deberían mirar en su interior. Constatarían, entonces, que la causa de sus males proviene de alguna memoria errónea. Bastará con borrarla para que el estrés o el miedo desaparezcan.

Los cátaros[35]

La religión cátara se desarrolló rápidamente en el sur de Francia, particularmente en el Languedoc, gracias a la simplicidad y la belleza de sus preceptos, sobre todo si los comparamos con los de la Iglesia católica de la época. Los verdaderos cátaros no se quedaban en sus castillos, sino que vivían en grutas o en cabañas, alimentándose de las donaciones de los campesinos a los que ayudaban en sus labores.

La religión cátara se avanzó a su época. Hablaba de un Dios único y bueno, así como de las enseñanzas de Jesucristo. Su doctrina se acercaba mucho a la de los primeros cristianos, antes de la instauración de dogmas por parte de la Iglesia, que modificaron su sentido. Los cátaros predicaban la humildad, la compasión y el amor. Entendían que cada individuo

---

35. Léase: *Les Cathares, du Graal au secret de la mort joyeuse*, Jean Blum, Éditions du Rocher, 1999; *La vía de los cátaros: el catarismo viviente*, Genel, Jean-Claude, Luciérnaga, 1999; Les Cathares, Maurice Griffe, TSH, 2006; Le baptême d'esprit, Jean-Yves Pahin, Amrista, 1993.

era capaz de entrar en relación con Dios por sí mismo, sin intermediarios clericales.

Los perfectos —todas las mujeres y hombres cátaros, por igual— constituían el clero de esta religión. Vivían una vida ascética transmitiendo la palabra divina en el campo. Esperaban poder escapar del ciclo de las reencarnaciones y permanecer en el otro mundo —el mundo divino— en forma de entidades formadas por espíritu-alma-cuerpo de luz. La formación de los perfectos era larga. Requería de una iniciación áspera que los ponía en contacto con ellos mismos y con los espíritus de la naturaleza, con los que se comunicaban y por los que sentían un gran respeto. Eso los convertía en grandes chamanes. También eran los herederos de las escuelas mistéricas.

La doctrina cátara indica que el mundo sensible está sostenido por un mundo espiritual preexistente. Contrariamente a lo que a menudo se dice, de forma simplista, los cátaros no consideraban el mundo físico como algo «malo» y el mundo espiritual como algo «bueno». Entendían que el mundo de la materia era imperfecto, pero necesario para que los seres pudieran depurarse cada vez más, de encarnación en encarnación, hasta adquirir el conocimiento de sus imperfecciones. Algunos dualistas dirán que el bien necesita del mal para la evolución de los seres, lo cual es más o menos verdad. Pero lo cierto es que no existe ni el bien ni el mal, sólo cuenta la evolución de los seres.

Sea como fuere, el pensamiento cátaro no está muy lejos de la visión de Ho'oponopono en ciertos aspectos. En efecto, la materia, el mundo que nos rodea, revela nuestras imperfecciones; a cada cual le toca ocuparse de eliminar los pensamientos nocivos que se enquistan para depurarnos cada vez más y conseguir una vida más armoniosa.

LA ACTUALIZACIÓN DE LOS PENSAMIENTOS

«El pensamiento es un rayo de luz en mitad de la noche.
Ese destello lo es todo».
Henri Poincaré, *El valor de la ciencia*

Tu mente fabrica, cada instante, un número considerable de pensamientos diversos que no siempre están ordenados. La mayor parte los emite tu mente consciente que no para de comerse el coco por todo y por nada, de hacer comentarios sin parar y de juzgarte a ti mismo y a los demás.

Estos pensamientos son informaciones portadoras de energía, es decir, son como «entidades»[36] embrionarias que sólo quieren vivir y desarrollarse. Se proyectan en el futuro y crean en la energía futuros potenciales, es decir, posibles destinos que programan tu porvenir.

Ahora bien, el presente no es sino la actualización
de un futuro potencial, es decir, que es la consecuencia
de tus pensamientos pasados.

Eres, hoy, lo que pensaste ayer. Te conviertes en lo que piensas.

Estás rodeado de futuros potenciales que tu pensamiento ha creado, y tu presente no es sino la realización de uno de tus pensamientos. Afortunadamente, tus numerosos pensamientos contradictorios –«*Qué bueno que soy*», «*No valgo para nada*»– se anulan entre sí gracias a las fuerzas opuestas que representan. Sin embargo, dichos pensamientos, esos futuros potenciales, harán lo que sea para desarrollarse y realizarse.

Por ello, los mismos pensamientos tendrán tendencia a volver periódicamente a tu mente para nutrirse de tu energía psíquica y desarrollarse, consiguiendo ser más fuertes. Las ideas fijas y las obsesiones son excelentes ejemplos, particularmente cuando te imaginas pobre,

---

36. Definición de entidad: esencia de un ser.

muerto de hambre y fracasado. Ese pensamiento se desarrollará en la energía y entre los futuros potenciales hasta convertirse en una realidad, lo que confirma aún más el sentimiento: *«Hice bien en pensar así»*, con lo que se actualizarán nuevas situaciones negativas. En resumen: ¡un pez que se muerde la cola!

Sabiéndolo, es importante imaginarse con buena salud, con mente brillante y con mucho éxito en la vida. Se trata del pensamiento positivo de Émile Coué,[37] de la visualización del doctor Carl Simonton[38] y de la ley de la atracción.

Así las cosas, los pensamientos atraen situaciones que los confirmen. Si piensas que no sabes ni hacer la o con un canuto, te empezarán a pasar cosas, en tu vida cotidiana, que confirmará esa idea. Si la vida te parece peligrosa, numerosas situaciones te llevarán a confirmar esos peligros (accidentes, incidentes, inclemencias, epidemias…). Pero eres tú quien ha creado esa visión del mundo. El mundo se doblega a tus expectativas, volviéndose peligroso para ti.

Tus pensamientos se ven amplificados por muchas ideas similares y por situaciones que están en resonancia con ellas; así se alimentan y se confirman. Todo ello te empujará a tomártelos cada vez más en serio y a creer que son realidades tangibles, objetivables, de manera que no dejas de actualizarlos. Se convierten en tu realidad presente. Todo ello constituye un auténtico círculo vicioso que crece con el tiempo: es el efecto bola de nieve. Aunque sea imposible comprender que no estamos viviendo una realidad, hay que tener claro que se trata, por lo menos, del mundo que hemos inventado.

Los pensamientos erróneos inducen a malos futuros potenciales,
así como a situaciones penosas en el presente, mientras
que los pensamientos positivos aportan armonía y amor a tu vida.

---

37. Psicólogo y farmacéutico francés (1857-1926), autor de un método de autosugestión con ayuda de pensamientos positivos.
38. Radioterapeuta y oncólogo americano, autor de obras como *Sanar es un viaje*, Urano, 1993.

Tu entorno se constituye de numerosos potenciales y expectativas de actualización, si la ocasión lo permite, es decir, si tu pensamiento lo propicia. Por eso es importante, en primer lugar, controlar el pensamiento. La meditación es una buena técnica para conseguirlo. Permite acallar la mente y captar lo que es realmente esencial. Pero si, a pesar de todo, un pensamiento negativo te ronda incansablemente —*«No valgo para nada»*— envía rápidamente un pensamiento contrario —*«Soy genial»*—, para anular el anterior.

Ho'oponopono, por su parte, permite eliminar los futuros potencialmente funestos que pueden materializarse, eliminando la memoria errónea que los ha generado. Eso no tiene precio.

El tiempo del sueño

El tiempo del sueño es un mito importante en la cultura de los aborígenes australianos. Corresponde al período inmaterial que precede a la creación del mundo. Se trata del tiempo en que el pensamiento precede a la creación en el mundo material. Es, también, el lugar donde estaremos todos después de muertos.

Así, para ellos, toda materialización ha sido previamente pensada y construida en forma de energía, antes de manifestarse en este mundo material. Según la naturaleza del pensamiento emitido, la realización será totalmente distinta, obviamente. Inversamente, toda realización es consecuencia directa de un pensamiento, el cual está condicionado por la memoria.

HO'OPONOPONO EXPLICADO POR LA FÍSICA CUÁNTICA

«Uno se cansa de todo salvo de comprender».
Virgilio

Todos hemos aprendido en el cole la física de Newton, donde las manzanas se caían del manzano verticalmente, de arriba abajo, gracias a la fuerza de gravedad de la Tierra. Sin embargo, al mismo tiempo que se nos enseñaba esto, la física cuántica se descubría y mostraba que esa visión del mundo era completamente obsoleta.

La física cuántica

La física cuántica es muy complicada cuando miramos las ecuaciones y fórmulas matemáticas que se utilizan para demostrarla. ¡A veces uno se pregunta por qué Dios creó un universo tan complicado! Pero, de hecho, si la demostración es difícilmente comprensible para el profano, las respuestas obtenidas son, por su parte, relativamente simples –muy relativamente– y claras. El resultado es accesible a todos.

Una de las primeras lecciones que enseña la mecánica cuántica es que la materia, tal como la concebimos habitualmente, no existe.

En efecto, lejos de su aspecto físico, que es como la concebimos normalmente, la materia no es más que una gigantesca concentración de energía, sólo eso. Cada partícula del universo no es sino energía concentrada. Después, las partículas se asocian entre ellas, forman átomos, luego moléculas y dicha reconcentración es la materia visible. Por lo tanto, la materia no es más que energía pura, reconcentrada.

El universo está formado por innumerables partículas separadas por inmensos espacios vacíos. Eso demuestra que, en realidad, la materia está hecha de vacío. Entonces ¿qué le da ese aspecto de solidez? Los nexos que hay entre las partículas y que también se encuentran entre los planetas del sistema solar y entre las galaxias. Son interacciones débiles, interacciones fuertes, fuerzas gravitatorias y fuerzas electromagnéticas.

Más problemático es el hecho de que esa materia puede devolver energía y formar nuevas partículas (materia)[39] en un vasto movimiento de creación y destrucción, como el agua se transforma en vapor antes de volver a ser agua, cuando la temperatura baja. Ello significa que la energía y la materia son sólo dos aspectos del mismo elemento, que el universo se forma y deforma de manera incesante.

Para controlar la energía y la materia, ha debido de ser necesaria una información, de lo contrario, la energía permanecería amorfa. No habría podido producir materia, inanimada al principio, y luego animada para, finalmente, tener consciencia de sí misma. El astrofísico George Fitzgerald Smoot,[40] a propósito de las fotos sobre el nacimiento del universo, tomadas por el satélite COBE, dijo que iban a desvelar la *«cara de Dios»*.

Los hermanos Bogdanov evocan, en su libro de título epónimo,[41] la hipótesis compartida con numerosos sabios —entre los cuales está George Fitzgerald Smoot— de una especie de ADN cósmico, es decir, de la presencia de una información cósmica que dirigiría la marcha general del universo desde el Big Bang.

La información es, pues, un elemento esencial en la aparición y funcionamiento del universo. Ésta se transmite mediante la energía, como las ondas de radio. Actualmente sabemos que existen ondas «no lineales», capaces de atravesar el universo entero sin debilitarse con la distancia, y eso a velocidades superiores a la de la luz. La información puede, fácilmente, viajar de una punta a otra del universo con facilidad. Esta información sería la que «da forma» a la materia. Inversamente, toda forma contiene una información.

---

39. Esta noción se denominó dualidad onda-corpúsculo.
40. Astrofísico y cosmólogo americano, premio Nobel en 2006.
41. *Le visage de Dieu*, Igor y Grichka Bogdanov, Grasset, 2010.

Según los astrofísicos, el 96 por 100 del universo,[42] está vacío de materia ¡lo cual es mucho! Esta gran parte de «nada» se ha denominado «materia oscura» y «energía oscura», que hasta ahora nadie ha podido aprehender. Se encuentra por todas partes del universo, incluso en el interior de la materia. Esta materia o energía oscura es omnipresente, como el éter descrito por los antiguos. Para algunos científicos, como el físico americano Nassim Haramein, dicha energía ausente es simplemente energía del vacío. Nadaríamos, pues, en un océano de energía que rellena los espacios entre las partículas, los planetas, las galaxias... Se trataría de energía incoherente, mientras que la materia –por su parte– sería energía coherente, nadando en un océano de energía incoherente. La coherencia llena la energía con información.

La energía del vacío podría ser la próxima fuente en energía de la humanidad. Lo que se llama a menudo «energía libre», estaría a disposición de todo el mundo y sería completamente gratuita, como avanzó el ingeniero americano Nikola Tesla[43] hace un siglo.

El hombre energético

El ser humano, formando parte del universo, está constituido por los mismos «ingredientes» que éste: materia/energía e información. Sólo cambian los apelativos. Se habla del cuerpo físico, de la circulación energética y del pensamiento/mente. Eso significa que, por su constitución, el ser humano es energía, como el universo, antes incluso que ser química y biológica.

A nivel orgánico, los trabajos de Georges Lakhovsky[44] demostraron que cada célula del cuerpo es un minicircuito oscilante que emite

---

42. «Énergie noire, la grande inconnue», Pierre Astier, CNRS Journal: http://www2.cnrs.fr/presse/journal/1981.htm.
43. Inventor e ingeniero americano de origen serbio (1956-1943).
44. Georges Lakhovsky (1869-1942) fue un investigador de origen ruso que trabajó durante mucho tiempo en Francia. Léase *L'origine de la vie*, 1925.

y absorbe ondas electromagnéticas en frecuencias precisas. Más tarde, descubrió que las células se comunican entre ellas y con su entorno emitiendo luz (fotones).

El ADN es aún más sorprendente. En realidad no es sólo información. Es el auténtico centro emisor-receptor de la célula, el que la pone en contacto permanente con su entorno cercano y lejano, es decir, con el mundo cuántico que la rodea. También es capaz de actuar sobre la materia como hemos visto más arriba, en el párrafo dedicado a la epigenética.

El pensamiento

Las experiencias previamente descritas sobre el ADN conducen a interesarse por la acción del pensamiento sobre la materia y el entorno. Existen numerosas pruebas de que el pensamiento humano influye sobre el cuerpo. Podemos citar, por ejemplo, el efecto placebo, el pensamiento positivo de Émile Coué y las técnicas de visualización del doctor Carl Simonton,[45] la hipnosis y la sofrología…, sin olvidarnos de los nefastos efectos del estrés. Todo ello demuestra perfectamente que tu pensamiento actúa directamente y de manera constante sobre tu cuerpo.

La potencia del pensamiento va mucho más allá de lo que imaginamos normalmente. Una observación relatada por el doctor Deepak Chopra[46] lo demuestra. Se trata de la enfermedad psiquiátrica o de personalidades múltiples que se expresan en el cuerpo de un mismo individuo. También se demostró que una misma persona era capaz de volverse diabética (insulinodependiente), epiléptica, daltónica, hipertensa, alérgica, presentar cicatrices, verrugas o erupciones cutáneas, dependiendo de la personalidad que aflorase en cada momento. Además, el paso de una personalidad a otra podía ser muy rápido. Esta

---

45. *Véanse* notas 37 y 38 p. 71.
46. *Le corps quantique, les fabuleux pouvoirs de guérison de votre esprit*, 2009.

observación mostraba que cada personalidad modifica la biología del organismo de su huésped, de manera extremadamente veloz. Así que, si personas enfermas son capaces de esto, todo el mundo debe de tener esa misma capacidad para cambiar su biología según sus pensamientos.

Los pensamientos de los demás también pueden influirnos a nuestras espaldas. Los trabajos de Masaru Emoto[47] han demostrado que el pensamiento puede estructurar el agua de manera diferente según las intenciones emitidas. Es muy probable –por no decir cierto– que los pensamientos de los demás puedan modificar la estructura del agua presente en tu organismo. Porque estamos constituidos por un 70-80 por 100 de agua. Esta cifra indica, por sí sola, la cantidad de pensamientos externos que pueden resultar perturbadores para tu cuerpo (y para ti), sobre todo cuando son negativos.

La oración

La oración lleva el pensamiento hacia vibraciones de ayuda, de amor y compasión, es decir, a vibraciones elevadas del ser humano. Llama a otras energías aún más sutiles presentes en el universo.
Un estudio[48] llevado a cabo por la Universidad de Columbia de Nueva York, en el año 2000, demostró que los rezos realizados por grupos de personas –de religiones diferentes– en Australia, Canadá y Estados Unidos, mejoraron los resultados de la fecundación *in vitro* en mujeres tratadas por esterili-

---

47. *Mensajes del agua*, La liebre de Marzo, 2003.
48. Dr. Larry Dossey, Columbia University, 2001. Experiencia citada por Emmanuel Ransford en un artículo titulado: «Un mundo desconcertante, un paso hacia la psicomateria» así como en la web www.passeportsante.net con la referencia: Cha K.Y. Wirth D.P. Lobo R.A. «Does prayer influence the success of in vitro fertilization-embryo transfer? Report of a masked, randomized trial», J. Reprod. Med., 2001, 46(9): 781-7.

dad en Corea. Las tasas pasaron del 26 por 100 de éxito al 50 por 100, sin estar las beneficiarias al corriente de que grupos de personas en otros países estaban rezando por ellas.

El estudio de Harris *et al.*,[49] efectuado en 1990 en Estados Unidos, obtuvo resultados similares sobre 900 personas hospitalizadas en la unidad de cardiología de Kansas City. Las personas beneficiarias de la oración, tuvieron un 10 por 100 menos de complicaciones posoperatorias que las otras. Igualmente, el profesor Herbert Benson, de la Universidad de Harvard, estima que los pacientes que repiten oraciones son capaces de desencadenar cambios de funcionamiento en sus órganos.[50]

La oración efectuada para uno mismo o para los demás, podría, pues, ser una buena posibilidad para borrar ciertas memorias erróneas. Sin embargo, los resultados, aunque evidentes, no funcionan con la totalidad de las personas, mientras que Ho'oponopono, al tomar plena responsabilidad de la situación y solicitando la eliminación de la memoria que la provoca, parece tener resultados mejores y más rápidos.

Otro estudio[51] demostró ¡que la felicidad era contagiosa! El estado de ánimo de una persona está influenciado por el de las que la rodean. Un sentimiento como la felicidad se transmite al entorno, como lo reve-

---

49. Harris W. S., Gowda M., *et al.*, «A randomized, controlled trial of the effects of remote, intercessory prayer on outcomes in patients admitted to the coronary care uni», Arch. Intern. Med., 1999, Oct 25, 159(19): 2273-8.
50. «The Relaxation Response», Benson-Henry Institute for Mind Body Medicine. www.mgh.harvard.edu Consultado en la web www.passeportsante.net.
51. *Journal international de médecine* del 11/12/09; Dowler J. H. *et al.* «Dynamic spread of happiness in a large social network: longitudinal analysis over 20 years in the Framingham Heart Study». B. M. J., 2008, 337: a2338, doi: 10.1136/bmj.a2338 (publicado el 4 de diciembre de 2008).

ló el estudio realizado sobre 4739 personas entre 1983 y 2003. Entre ellas, se identificaron grupos de personas felices y grupos de personas infelices. Los autores constataron que la felicidad se propagaba hasta el tercer nivel de relación (es decir, hasta los amigos de los amigos). También establecieron que si una persona tiene un amigo feliz, residente a menos de 1,6 km, ella misma aumenta un 25 por 100 la posibilidad de ser también feliz. Resultados similares se observan en las parejas, entre hermanos, entre vecinos. La felicidad, por tanto, es contagiosa. Sin embargo, este efecto tiene tendencia a disminuir con el tiempo y la distancia.

Todo esto demuestra a las claras que el pensamiento actúa sobre la mente y también en el estado de ánimo propio y ajeno. De hecho, los actos de tus pensamientos van más allá, como lo demuestra la experiencia de Wladimir Popenon, citada precedentemente, que explica que tus emociones son capaces de actuar sobre la materia.

Según Gregg Braden,[52] la acción del pensamiento también se observó en el campo magnético terrestre, que se modificó tras los acontecimientos del 11 de septiembre de 2001. Éstos desencadenaron un violento trauma en la mente de miles de personas. El trauma fue tan potente que todas las energías psíquicas emitidas en ese instante produjeron cambios a nivel electromagnético en la Tierra. Para la ingeniera rusa y profesora de Ciencia Aerodinámica Marina Popovitch,[53] existiría una interacción permanente entre las emociones humanas y el campo electromagnético de la Tierra. Los investigadores rusos habrían observado la presencia de zonas sombrías en el campo electromagnético durante períodos de guerras como la de Irak. Marina Popovitch afirma también que los pensamientos emitidos por la humanidad pueden

---

52. Autor y conferenciante americano: *La curación espontánea de las creencias*, Sirio 2009. Véase el video http://www.youtube.com/watch?v=3zJpmxMS6DA.
53. Antigua piloto de la Soviet Air Force, coronel, ingeniera, piloto de pruebas, autora de varias obras.

influir en la actividad solar. Nuestro planeta, por su parte, estaría actualmente saturado. Reacciona de manera brutal: seísmos, erupciones, inundaciones…

A partir del momento en que estas informaciones se confirman y podemos extrapolar su principio, es muy probable que la influencia de la mente humana pueda ir aún más lejos. Porque las ondas no lineales pueden transmitirse sin desperdicio hasta la otra punta del universo. ¿Puede que las alas de una mariposa en Tokio sean capaces de desencadenar una aurora boreal en un planeta de una galaxia lejana? ¡Vaya usted a saber!

Así, nuestro entorno está constituido de energía/materia informe. El pensamiento puede actuar sobre él tanto a nivel planetario como a nivel microscópico y macroscópico.

Por otra parte, Ho'oponopono permite cambiar pensamientos (información) borrando memorias negativas, lo cual interactuará sobre la materia circundante. Los pensamientos negativos podrían desarrollarse hasta ser positivos y generar un entorno equilibrado.

Ahora es más fácil comprender, gracias a la mecánica cuántica, por qué este proceso de reconciliación contigo mismo es capaz de aportar armonía a tu mente, a tu cuerpo y a tu universo.

¿ES REAL NUESTRO MUNDO?

«Somos lo que pensamos.
Todo lo que somos es el resultado de nuestro pensamiento.
Con nuestro pensamiento construimos el mundo».
Buda

A través de lo que hemos estado diciendo en los párrafos precedentes, puedes, legítimamente, preguntarte si el mundo en que vives es real, si no estarás soñando todo esto. Porque, si todo es energía e información y si eres el creador, al 100 por 100, de lo que pasa en tu vida, gracias a tu pensamiento, entonces puedes preguntarte si el universo es tal como lo concibes habitualmente, ¿o sólo es fruto de un pensamiento, de tu pensamiento?

Pensar de tal modo es pertinente porque hay muchos elementos que tienden a hacer «pensar» que vivimos una especie de sueño.

El cerebro

Para empezar, hay que saber que el cerebro no diferencia entre lo real y lo imaginario, ni entre la acción y el pensamiento. Los investigadores han observado en los IRM[54] funcionales que las mismas zonas del cerebro se activan cuando se pasa a la acción o cuando se mira a alguien realizando dicha acción, e incluso con sólo imaginarse realizando la acción.

Así, podemos preguntarnos si actuamos realmente o si sólo nos imaginamos que lo hacemos. Esta incapacidad del cerebro para distinguir lo real de lo imaginario ha permitido desarrollar terapias simbólicas capaces de aliviar a las personas de determinados conflictos. Por ejemplo, si alguien tiene reproches hacia una persona fallecida, evidentemente no se puede encontrar con ella para pedirle explicaciones. Pero puede aliviar su pena escribiéndole una carta y echándola al buzón. Su cerebro tomará ese acto como algo que realmente ha hecho y que la persona muerta ha recibido su mensaje, liberando tensiones y aliviando el estrés.

Cuando constatamos este punto, comprendemos lo fácil que resulta engañar al cerebro y hacerle creer que una ilusión es real. Del mismo modo, nosotros también podemos ser engañados y creer que todo lo que pasa es una realidad objetiva, cuando normalmente es nuestro punto de vista solamente.

---

54. Imagen por resonancia magnética.

El ser humano

El ser humano, como el universo, está constituido de materia/energía por una parte y de información/pensamiento por la otra, como ya hemos visto. Pero, si reflexionamos bien ¿qué define al ser humano? No lo define la materia de su cuerpo físico, lo define el pensamiento. Por eso, algunos físicos[55] han llegado a decir que *«el ser humano no es más que un puñado de memorias»,* lo cual coincide plenamente con la visión de Ho'oponopono sobre las memorias que deben borrarse.

El pensamiento emite ondas de energía que son científicamente mesurables, como lo demuestran los electroencefalogramas empleados por la medicina. Además, acabamos de ver cómo el pensamiento es capaz de actuar sobre la materia. Este fenómeno ha puesto en tremendos aprietos a los investigadores de la mecánica cuántica. Durante las primeras investigaciones, se dieron cuenta de que sus expectativas —su pensamiento— modificaban los resultados de los experimentos en curso. Si esperaban un resultado en el ámbito vibratorio, lo obtenían. Si otro investigador hacía el mismo experimento pero esperaba un resultado en el ámbito de las partículas, lo obtenía también. A este problema se le llamó «efecto de la atención sobre las partículas».

Pero, además de modificar el mundo que nos rodea, el pensamiento también es capaz de *crear,* lo que aún es más sorprendente. Esto se manifiesta en el universo energético para materializarse en el universo físico, si los pensamientos se emiten con la fuerza suficiente. Así, tu pensamiento está influido por tu memoria, construyendo el mundo en el que vives. Eres tú quien ha construido tu entorno, quien lo ha hecho visible gracias a los pensamientos que has emitido. Pero ¿el mundo existe realmente o forma parte del reino de los sueños..., de tu sueño?

---

55. De la física Jacqueline Bousquet *(véase* más adelante).

La conciencia del mundo que nos rodea

Esto nos lleva a preguntarnos cómo conocemos el mundo que nos rodea. De hecho, aprehendemos únicamente a través de los cinco sentidos. La visión del mundo exterior es una representación cerebral a partir de las informaciones enviadas por los sentidos. Creemos en la existencia de los objetos porque los vemos, los tocamos, los percibimos, los oímos, a través de los sentidos. Sin embargo, las percepciones no son más que pensamientos mentales..., y el cerebro se encuentra en una caja negra totalmente aislado del mundo que lo rodea.

Los cinco sentidos funcionan en modo vibratorio y de ninguna manera en modo material/físico, como podríamos pensar. Lo sabemos por la forma que tenemos de percibir sonidos y colores. Pero actualmente, también lo sabemos por los olores.[56] Éstos son de naturaleza vibratoria, no molecular. Las moléculas de estructuras químicas muy próximas entre sí son capaces de generar olores totalmente diferentes. La única explicación para dicha diferencia es que el olfato funciona en modo vibratorio y no químico. Es muy probable que el tacto funcione igual. Y es que la materia es, de hecho, una serie de ondas concentradas, es difícil imaginar que sea de otro modo.

Así, el conocimiento de tu entorno es sólo vibratorio. Ello explica por qué es fácilmente modulable a través de tu pensamiento, es decir, por tus creencias, tus miedos y tus valores, que actúan como filtros que cambian la percepción del universo que te rodea.

Además, los sentidos sólo captan una parte de la información presente a tu alrededor. Por ejemplo, no captamos todos los sonidos, ni todos los colores, ni todos los olores. Para algunos animales, las gamas de olores o colores son mucho más amplias que para nosotros –ultrasonidos o infrarrojos, por ejemplo–. La realidad que percibimos, pues,

---

56. *Science et vie*, de abril de 2011.

es fragmentaria. En general, la parte visible para nosotros, del universo, es muy pequeña en relación a las ondas emitidas por el entorno.

Finalmente, hay que recordar que las informaciones captadas por los cinco sentidos están codificadas en impulsos eléctricos que se transmiten al cerebro a través de los nervios. El cerebro *reconstruye* el universo circundante a partir de la información que ha recibido. Esta reconstrucción se lleva a cabo siguiendo los esquemas de tu sistema de pensamiento. Esta imagen del mundo está sesgada por la forma en que es captado, por el modo en que se transmite, por las capacidades del cerebro para reconstruirlo y, finalmente, por nuestros filtros psicológicos que intentan desesperadamente incluir la imagen recibida en el sistema de referencias. A pesar de todo, esa composición será para nosotros «la realidad». Pero si lo pensamos bien, dicha realidad no está en el exterior sino dentro de nuestras cabezas. Sólo existe, en esa forma concreta, en nuestra mente. En otras palabras, podemos ser fácilmente engañados por ilusiones, cuando nos imaginamos que el universo y todo nuestro entorno tienen una existencia idéntica a la que tenemos en la mente.

Podríamos considerar que esta realidad ha sido creada a partir de todas las piezas que tenemos en el cerebro o incluso que la información recibida no es real y que es fruto de nuestra imaginación, de la manipulación a la que estamos sometidos.

No tenemos ninguna prueba de que el mundo exterior exista realmente tal como lo vemos. Podríamos acabar por pensar que lo real no existe y que la vida es sólo sueño. Durante un sueño, vemos cosas muy reales, las tocamos, las oímos, las percibimos como si fueran reales, pero no lo son. ¿Dónde está la diferencia? ¿Qué te hace pensar que la vida de cada día es real y que las imágenes que ves en tus sueños sólo son sueños? Todo se trata de pensamientos y prejuicios que nos dan esa impresión.

Podría ser que nuestro organismo sea, también, sólo una imagen, una ilusión como el universo que nos rodea, incluso nuestro cerebro puede ser una ilusión. De este modo, el ser humano no sería más que una no-realidad. Las experiencias serían engañosas y el universo, en su conjunto, sería una ilusión. *Lo único que nos queda es el pensamiento.* El ser humano no sería, pues, más que un conjunto de pensamientos, es decir, una serie de memorias que actuarían sobre un entorno ilusorio.

Sólo somos lo que imaginamos ser

En un futuro próximo, los ordenadores serán capaces de enviar a nuestros cerebros informaciones virtuales de naturaleza visual, auditiva, olfativa, gustativa y táctil, que podrían hacernos creer que la vida real es eso, un mundo creado y transmitido por un ordenador. Nosotros también le enviaríamos información/pensamiento y conversaríamos con él. Obtendríamos cambios en sus informaciones y nuestro imaginario mundo cambiaría también, tomándolo siempre como algo real.

Lo mismo pasa con la realidad presente: puedes actuar en los acontecimientos a través del pensamiento. Cambiando de pensamientos cambiamos también el «sueño» que vivimos –la realidad cotidiana– con una facilidad pasmosa, tan fácilmente que ni nos damos cuenta de que la hemos cambiado.

El aspecto cuántico

Hace un siglo, la imagen que teníamos de la realidad era la de un mundo material, tangible, medible (la física newtoniana). Luego la mecánica cuántica llegó y lo cambió todo…, hasta el punto en que hoy, nuestro entorno parece más virtual que otra cosa, constituido por informaciones y energías.

Nuestra visión del mundo ha pasado de la realidad a la abstracción. El universo habría nacido de una singularidad en la que la energía y la materia provendrían de algo que aún hay que definir y que no estaría limitado por el tiempo ni por el espacio. Fue así como la física Jacqueline Bousquet[57] dijo: «*El universo se comporta más como un pensamiento que como un mecanismo*».

El universo sería, pues, un pensamiento. La idea es bella y poética. No podemos dejar de recordar ciertos textos mitológicos. Pero nos queda saber quién emite dicho pensamiento. Evidentemente, la idea de un gran arquitecto organizándolo todo es seductora para mucha gente. Como ya hemos visto, algunos astrofísicos hablan del ADN cósmico para indicar la presencia probable de una información directriz en el cosmos. Pero no precisan de dónde proviene dicho ADN ni quién lo concibió.

De hecho, la cosa podría ser muy simple. Siendo nosotros los creadores de lo que pasa en nuestra vida podríamos estar en disposición de crear, en cada momento, el entorno en que evolucionamos. Como han evocado físicos de la talla de Hubert Reeves:[58] «*La materia sólo se formaría bajo nuestra mirada*». Esta frase resume todos los trabajos realizados en torno a la mecánica cuántica. Significa que la materia no toma forma si no es a nuestros ojos, esto es, con nuestro pensamiento. Es el pensamiento quien da coherencia a la energía y la transforma en materia. Por otra parte, mantiene su incoherente forma energética. *Nuestro* pensamiento crea así *toda* la materia y *todo* el universo que nos rodea.

*No hay, por tanto, ni azar, ni coincidencia,
ni sincronicidad, ni providencia…
Sólo estás tú enviándote mensajes a ti mismo.*

El inconsciente envía mensajes de manera permanente al consciente, en forma de azares y coincidencias que crea en el propio universo.

---

57. Doctora en Ciencias Físicas, investigadora honoraria del CNRS (www.aristrea.org), autora de diversas obras como *Au coeur du vivant*, Saint-Michel, 1992 y *Le réveil de la conscience*, Guy Trédaniel, 2003.
58. Astrofísico franco-canadiense, autor de diversas obras como *L'Univers expliqué à mes petits-enfants*, Éditions du Seuil, 2011.

Es capaz de crear lo que sea en tu entorno, incluso las cosas más increíbles: apariciones, incidentes, seísmos, cambio climático, revolución, buena fortuna, oportunidades… Todo le resulta posible, simplemente porque es su mundo, tu mundo.

Creas el universo ante tus ojos, siguiendo los pensamientos que emites constantemente y que has emitido en el pasado (actualización de los pensamientos). Así es fácil comprender que cambiando los pensamientos –como pasa con Ho'oponopono, posibilitando la eliminación de memorias erróneas–, cambias la construcción del universo en el que crees vivir y que no deja de ser una ilusión, es decir, una construcción del yo.

Esta creación se lleva a cabo de manera inmediata e inconsciente. Pero el problema es que el inconsciente es quien dirige tu mente con sus buenas y malas memorias. Por eso, la eliminación de las memorias erróneas es tan importante, porque permite armonizar, poco a poco, el mundo en que vives.

Y los demás ¿existen?

Si el entorno es fruto de tu propia creación, una pregunta flota en el aire: «¿Los otros individuos existen?». El doctor Len, interrogado a este respecto, dijo: «*¿Los otros? ¿Qué otros?*». En mi opinión se trata de una respuesta irónica para hacer comprender el sentido de Ho'oponopono. De hecho, los otros existen como individuos, ciertamente. Sin embargo, responden totalmente a tu creación, de lo contrario no estarían en «tu» mundo.

Hay que comprender que no hay un mundo –la Tierra– donde viven siete millones de individuos, sino que son siete millones de mundos reunidos en una consciencia común. Todos esos mundos están unidos entre sí por una trama y deben

> obedecer a las leyes inherentes a su medio (espacio/tiempo). El mundo material sería dicha trama, es decir, una especie de soporte común en el que todos los seres humanos desarrollarían su propio mundo.
>
> Es posible –si no probable, según los físicos– que existan numerosos universos paralelos, en el que cada individuo explora futuros potenciales, es decir, donde cada individuo llevaría diferentes vidas, enriqueciéndose con muchas experiencias distintas para su propia evolución personal. En otros términos, viviríamos diversos universos a la vez en los que coexistiríamos y desarrollaríamos experiencias diversas.

Esto demuestra que no es del todo cierto que el universo exista realmente, en el sentido que todos entendemos habitualmente. La mecánica cuántica aporta pruebas de lo contrario. En este caso, es sencillo comprender que tus pensamientos condicionan la ilusión que vives o que crees vivir. Borrando los pensamientos perniciosos, Ho'oponopono te permite vivir una vida armoniosa y tener expectativas sobre tus aspiraciones profundas.

LAS CONSECUENCIAS DE HO'OPONOPONO EN LOS INDIVIDUOS

> *«No sabían que era imposible, por eso lo hicieron».*
> Marc Twain

El primer elemento perceptible de Ho'oponopono es que nos alivia durante los períodos difíciles de la vida. Con él, no es necesario analizar las situaciones ni hacer búsquedas incansables. Borrando las memorias perturbadoras, Ho'oponopono detiene la situación desagradable para llevarnos a aguas más tranquilas.

No obstante, Ho'oponopono es un arte de vivir y no una terapia. Nunca podrá reemplazar un tratamiento psiquiátrico, ni un psicoanálisis, ni una psicoterapia, ni una terapia de PNL. Pero podrá completarlos armoniosamente y aliviará la mayor parte de conflictos cotidianos. Se aconseja, por lo tanto, practicarlo con todo lo desagradable que nos topemos cada día, por poca cosa que sea. Obviamente, si el problema es grande, serio, o si permanece en el tiempo, es imperativo consultar al médico.

Nunca se puede saber a qué nos va a conducir la eliminación de una memoria perniciosa mediante Ho'oponopono. Solamente sabemos que habrá una mejoría que nos permitirá salir de una situación difícil. Ho'oponopono alivia, pues, los sufrimientos de manera rápida y definitiva. Es así como todo problema de la vida puede ser arreglado mediante el trabajo sobre uno mismo.

Después, a medida que tus memorias erróneas se borren, empezarás a descubrir verdaderamente, quién eres, lo que realmente quieres en lo más profundo de ti mismo y a conocer cuáles son tus aspiraciones esenciales. Poco a poco irás conociendo tu propia identidad. Cambiando los pensamientos, tu mundo será mucho más armonioso y en completa ósmosis con tus deseos más secretos. Podrás, entonces, desarrollar tus talentos y explorar numerosos futuros potenciales propicios para tu evolución personal.

La supresión de pensamientos negativos te permitirá recuperar tu integridad, lo cual es importante para favorecer nuevas energías. Conseguirás que tus pensamientos sean completamente conscientes. Así, llegarás a ser, *conscientemente*, el creador de tu mundo y no vivirás de manera inconsciente y desordenada, como haces ahora. Serás el verdadero director de tu destino.

HO'OPONOPONO Y LAS NUEVAS ENERGÍAS

«No hay ningún camino hacia la felicidad.
La felicidad es la vida».
Buda

Ya hemos visto que vivimos en siete millones de mundos reunidos por una consciencia común. Ésta constituye la trama que une el conjunto de mundos que creamos. Estos universos son completamente autónomos y dependen únicamente de los pensamientos de sus creadores. Sin embargo, éstos deben responder a ciertas reglas relacionadas con el espacio/tiempo en que evolucionan. Ahora bien, dos fenómenos pueden producirse en nuestro entorno planetario:

⇨ El campo electromagnético de la Tierra aumenta. Esto ha sido observado a nivel de la resonancia de Schumann.[59] Dicha elevación es la resultante de un aumento general que afecta, por lo menos, al conjunto de la galaxia. La causa proviene de la llegada de nuevas energías cósmicas. Éstas aportan a los seres humanos una elevación a nivel de consciencia, de nuevas misiones, de nuevas capacidades y nuevos pensamientos. Pero antes de llegar ahí, los humanos tienen que adaptarse, lo cual requiere tiempo, calma y discernimiento. Es el período de transición que estamos atravesando actualmente. Este tiempo de adaptación se traduce en fatiga, irritabilidad, angustia y depresión.

⇨ Por otra parte, como se ha evocado precedentemente, el pensamiento de los seres humanos interfiere en el campo electromagnético de la Tierra. Actualmente sufrimos una saturación a causa de todos los acontecimientos que se producen en el seno de la humanidad: guerras, hambrunas, muertes, desigualdad, tensiones, crisis, revoluciones…

---

59. La ionosfera tiene una capacidad de resonancia que fue descubierta por el físico alemán W. O. Schumann.

Además, el planeta reacciona violentamente con seísmos, erupciones o inundaciones, amplificando el proceso. Dichas catástrofes hacen que este período de tensiones sea aún más difícil.

Para franquear esta delicada etapa, conviene que cada cual aligere su peso todo lo posible. En el plano físico, una vida equilibrada resulta esencial: alimentación sana y ecológica, de tipo mediterráneo, actividad física, respiración, relajación, etc. En el plano mental, es necesario aportar soluciones a los viejos conflictos, eliminar las creencias y valores que nos limitan, así como los miedos. Todo ello debe realizarse con rapidez porque las energías, actualmente, evolucionan a toda velocidad. Por eso, técnicas como el psicoanálisis, la psicoterapia, la PNL o el EMDR,[60] que tantos servicios prestan en casos patológicos, están poco adaptadas –o no lo están en absoluto– para el caso que nos ocupa porque son complejas (necesitan de terapeutas) y son lentas.

Afortunadamente, nuevas herramientas fáciles de usar, rápidas y eficaces para hacer uno mismo, se han ido desarrollando como por azar. Son el EFT,[61] el TAT,[62] el zensight,[63] la meditación, las aperturas temporales,[64] las curas energéticas[65] y, naturalmente, Ho'oponopono.

Entre todas estas herramientas, Ho'oponopono es, sin duda alguna, la más eficaz para el período que estamos atravesando, porque nos permite borrar rápidamente todas las memorias erróneas.
Así, podrás adaptarte fácilmente a la llegada de esas nuevas energías que te conducirán hacia un estado elevado de consciencia.

---

60. Eye Movement Desensitizacion and Reprocessing: Técnica capaz de tratar informaciones dolorosas como, por ejemplo, un trauma.
61. *Emotional Freedom Technic.*
62. *Tapas Acupressure Technic.*
63. Para más información, véase la web de Sophie Merle: www.sophiemerle.com.
64. Desarrolladas por el físico Jean-Pierre Garnier Malet. Véase su libro *Changez votre futur par les ouvertures temporelles*, Le Temps Présent, 2006.
65. Véanse las curas energéticas Premium® enseñadas por el doctor Luc Bodin, en sus talleres abiertos a todo el mundo.

En la actualidad, los acontecimientos van muy deprisa, no siempre es necesario realizar el protocolo completo: «*Lo siento, perdóname, gracias, te quiero*» para obtener resultados. Basta con pedirle, simplemente, a la memoria errónea en relación con tal o cual acontecimiento, que se borre. La técnica evoluciona, pues, con los tiempos y se vuelve más rápida y eficaz. Pero sería una falacia pensar que es necesario eliminar la parte oscura de ti mismo para transitar sin problema alguno por el actual período. Al contrario, Ho'oponopono está aquí para que aceptes tu parte oscura para así recobrar tu integridad. Por esta vía verás desaparecer la dualidad. Ya no habrá ni «bien» ni «mal». Simplemente, «habrá». Constatarás que tu parte oscura, esa que rechazas intensamente, es capaz de aportarte el equilibrio y plenitud que tanto tiempo has buscado.

Gracias a las nuevas energías, en un futuro próximo el ser humano descubrirá que puede dirigirse solo y que los gobernantes, líderes religiosos, dirigentes y gurús… ya no son necesarios. El hombre será consciente de sus inmensas capacidades y desarrollará otras nuevas como la intuición, la telepatía, la fuerza del pensamiento y el sentimiento de pertenencia a una comunidad cósmica. La sociedad se encontrará por completo transformada. Será mucho más humana, más atenta al desarrollo de cada persona en completo respeto por la diferencia, la originalidad y las aspiraciones de cada cual.[66] Ho'oponopono es un elemento esencial durante el período de transición actual. Eliminando las memorias erróneas, aclarará tu mente, eliminará los bloqueos y los pensamientos negativos permitiéndote creer que no es posible un porvenir prometedor si no lo consideras posible.

También puedes dar «Gracias» al Ho'oponopono por estar ahí para ayudarte y para cambiar el mundo, tu mundo.

---

66. Véase el libro *Préparez-vous au changement* del doctor Luc Bodin, que puede descargarse gratuitamente o comprar la versión impresa en la web www.stages-lucbodin.com.

Capítulo 3

HO'OPONOPONO DE LA ESPIRITUALIDAD A LA ABUNDANCIA

Nathalie Bodin

> *«Entrénate para querer para los demás*
> *lo mismo que quieres para ti*
> *intentando parecerte a Cristo, en vez de a un cristiano;*
> *a Mahoma, en vez de a un musulmán;*
> *a Buda, en vez de a un budista».*
> Dr. Wayne W. Dyer, Le pouvoir de l'intention

TU RELIGIÓN ES ESPIRITUAL

Leyendo este título que contiene las palabras «espiritual» y «religión» en la misma frase, puede que un movimiento rápido de tu mano tire este libro al suelo, con desdén. Es un riesgo que no me importa correr y te dejo a ti la decisión de leer o no este capítulo que he escrito con tanto gusto.

Para muchos de vosotros, la religión ha perdido todo interés, todo atractivo. Quizás sea porque has visto intolerancia, comportamientos extremos o un poder extremo por parte de los representantes religiosos que han separado la religión de la espiritualidad. Y abandonando la espiritualidad también han abandonado al Hombre.

¿Es posible contemplar los libros sagrados como un acceso a la espiritualidad y a los hombres que se encargan de darlos a conocer como simples mensajeros? Sacerdotes y frailes, monjas y pastores sabios de todo tipo son, como tú, seres humanos que tienen sus propias experiencias en la Tierra. Y todos sabemos que no es fácil vivir siempre de acuerdo con los principios.

Me gustaría precisar que yo fui educada entre cartesianos, entre gente que opina que sólo la ciencia permite el conocimiento. Se forjó, por tanto, en mi alma, la creencia de que sólo la química y los microscopios son amigos de fiar. Gracias al discernimiento, constaté que los hechos no demuestran esta teoría. Así, con el paso de los años, conociendo gente y leyendo libros, pude descubrir las religiones y sus adeptos.

No tuve que clasificar las divinidades en el rango de los mitos y los cuentos, como me habían enseñado mis profesores. Iban saliendo en mi interior cada vez que los textos que iba descubriendo me parecían justos y pertinentes. Por eso, mi visión sobre el mundo de la religión es un tanto particular, podríamos decir que soy una exploradora de la espiritualidad.

Algunos dicen que las religiones han permitido al hombre escaquearse porque podían poner en manos de un ser «todopoderoso» lo bueno y lo malo que se cocía aquí abajo. Otros nos metieron en la cabeza que somos marionetas de un destino preestablecido. Se supone que no podemos hacer nada, sólo rezar para que lo malo no nos caiga en la cabeza. Pero esta teoría olvida un importante detalle: el libre albedrío. No hay nada inmutable en la Tierra, todo cambia, desde el momento en que *decides* que cambie. Siempre tienes *elección*.

Personalmente, me pareció todo un alivio saber que tengo la última palabra en todo lo que pase en mi vida. Además, cuando descubres que, efectivamente, la única constante de este universo es su propia inconstancia, puedes respirar hondo porque sabes que la rueda gira constantemente y las cosas buenas también llegan, cuando menos te lo esperas. Los textos me trajeron, pues, una buena nueva.

Jesús fue crucificado para «salvarnos»; el sacrificio puede parecer, para los cristianos practicantes, una buena forma de reparar los pecados propios y ajenos. Bueno, ¿por qué no?

¿Y si ese hombre que sufrió lo indecible hasta la muerte, con los brazos extendidos y el corazón al descubierto, representara esa parte de ti mismo que has aprendido a camuflar bajo tradiciones y prohibiciones? Puedes ver en ese Cristo desollado al «Yo profundo», como me gusta llamarlo, como a esa parte inconsciente que late al mismo ritmo que tu corazón y que ha sido torturado sobre el altar del materialismo. Sólo espera que lo liberes.

Ese Yo profundo está, a imagen de Cristo, en cada uno de nosotros, preparado para brotar, sabiendo que sólo el amor puede salvarte. El único sufrimiento que engendra en ti es sentir que hay lago más grande que tú, más grande que la posesión de un coche, de una casa, de una familia... Ese dolor es la expresión de tu espiritualidad.

El Nuevo Testamento cuenta la resurrección de Cristo, que considero un signo muy positivo. Ese Yo profundo, ese Cristo crucificado por los miedos, resucitó al fin. ¿No ves la similitud con tu actitud ante el milagro de tu vida? Puedes devolver a la vida aquello que está en lo más profundo de ti y la mejor herramienta para conseguirlo es el amor.

Yo miro la cruz con Jesucristo clavado y me digo que, un día, liberaré por completo esa actitud en mí, la de amar incondicionalmente todo lo que es, haciendo desaparecer para siempre el sufrimiento de la cruz... que es mi vida. Imagina que todos los seres humanos deciden hacer hablar su voz divina. Ya sean católicos, protestantes, judíos, musulmanes, budistas..., ¿qué importa la religión que sea? En ese momento podrá aparecer otro símbolo en los templos e iglesias y, por qué no, otro texto que diga: *«Gracias, te quiero»*.

Siempre se puede soñar.

HO'OPONOPONO, REENCARNACIÓN Y FAMILIA

A los que, como yo, creen en la reencarnación, quisiera decirles que he encontrado, en la práctica de Ho'oponopono, un sentido para la presencia de cada cual en este mundo. Ahora voy a resumir el principio de la reencarnación tal y como yo la percibo, a fin de compartir fácilmente mi razonamiento contigo.

Todo empieza con la concepción de uno, del Yo profundo, como me gusta llamarlo. No me refiero a la concepción física del individuo de carne y hueso, sino a la concepción del «alma viajera», cuyo aprendizaje le supone varias vidas físicas. Cuando estás en ese estado que precede al nacimiento físico, es decir, cuando eres sólo un alma, tienes una visión global del universo y del lugar que vas a ocupar. La comprensión, por no decir el Absoluto conocimiento, se realiza, por lo visto, mediante las experiencias de la vida. ¿Y qué mejor que nacer en este mundo para aprender? Llegados a ese punto, tu alma escoge encarnarse en un lugar y familia concretos. Esa decisión parece olvidarse con el nacimiento, pero reaparece el día que tomas conciencia de poder conectar con tu Yo profundo; lo que dejaste de lado y te une a tu alma aventurera. Quizás la dejaste de lado para encontrarlo mejor. En resumen, cuando la toma de contacto tiene lugar, gracias a la meditación o por un regreso a la naturaleza. Entonces sientes dentro de ti que has venido al mundo para enriquecerte con experiencias y, con un poco de suerte, quizás esta vida sea la última… antes de alcanzar el nirvana.

Mientras se espera, hay que vivir con la familia escogida. Un padre ausente o violento, una madre que humilla o que es indiferente, un hermano odioso o tonto, una hermana irritante o delirante, no es sólo tu familia, sino la familia que has escogido para vivir una vida entera. Pero ¿cómo apelar a la compasión en tu corazón para aceptar una elección improbable, habiendo nacido en una familia tan violenta o indiferente? Sólo podemos «perdonar» a nuestra alma, a nuestro Yo profundo por haber decidido vivir entre esas personas. Se trata de dar las gracias por haber elegido eso. No hay nada como perdonarse con amor para, seguidamente, poder perdonar a los demás y ejercer la auténtica compasión.

La escuela de la vida enseña, como clase principal, «la vida en familia». A ella no se puede escapar, ni siquiera siendo huérfano, porque de su orfandad sacará enseñanzas.

En este concepto de reencarnación escogida y querida, la familia es mucho más que un reflejo de tu personalidad, es el espejo de tu alma. Más aún, ésta es mensajera y guardiana de lo que aprendas en esta vida.

A algunos, la familia les enseña a conseguir el desapego emocional; a otros, a vivir sin expectativas. No importa el número de vidas que vivas, todas ellas serán necesarias para tu propia comprensión.

Cuando se toma plena consciencia de que la elección familiar ha sido premeditada, uno se da cuenta de que debe dejar de luchar contra uno mismo. Los reproches, los rencores, las decepciones y las expectativas que había albergado hacia mis padres perdieron, poco a poco, su sentido. Tuve que aceptar haberme encarnado junto a esas personas que son, en definitiva, las que me habían ayudado a comprender tantas cosas y que, seguramente, no habría encontrado un entorno mejor para evolucionar. Utilizando palabras tan simples como: «*Gracias, te quiero*» ante las dificultades que he experimentado con mi gente, siento completa gratitud. La gratitud va hacia mi padre, hacia mi madre, hacia mi hermano y hacia mí misma. Personalmente, creo que he hecho algo más que aceptar haber nacido en mi familia, he aprendido a amar la parte de mí que hizo la elección. He empezado a quererme.

La práctica de Ho'oponopono es una forma de acelerar el proceso de aceptación de tu condición humana para, seguidamente, hacer el aprendizaje necesario para la evolución de tu alma o Yo profundo.

Reencarnándome aquí, en este período, he querido participar en el descubrimiento del amor propio o, lo que es mejor, quizás he querido vivirlo plenamente a la espera del último estadio de la evolución del alma. Lo cierto es que no importa la razón porque me siento bien practicando Ho'oponopono y acepto mi vida con mi gente. ¿Qué más podría pedir sino continuar así?

Tienes la oportunidad de aprender a amar gracias a tus seres más cercanos. Que creas o no en la reencarnación, la familia está ahí para enseñarte a amar la parte que tanto denigras. Es el reflejo de lo que quieres esconder en lo más profundo de ti. Es un mensaje de tu Yo profundo.

¿No te has dado cuenta de que las reflexiones de tus seres queridos meten el dedo en la llaga, sistemáticamente? Puede que sea porque te conocen bien o, probablemente, porque tú has creado la situación propicia que te ha conducido al conflicto. Eres el creador de dicha situación. Has hecho todo lo posible para que las memorias erróneas que se asentaban cómodamente, afloren, se desvelen y puedas limpiarlas. Tu padre o tu madre no han hecho más que responder a esa necesidad y transmitir el mensaje a tu Yo profundo.

¿Por qué no aprovechar esas comidas familiares para hacer una limpieza intensiva? Es lo más práctico, por otra parte. En lugar de ir desenterrando memorias durante semanas o meses, puedes hacer limpieza general en pocas horas. No me refiero a reunir a la familia entera en una comida para resolver conflictos actuales o pasados, sino a aprovechar cumpleaños o bodas y bautizos para fijarte en las emociones que te suscita ver al tío Roberto o al primo Martín. Se trata de reconocerlos.

«Cuando estoy con mi tía Josiane siempre me habla de problemas de dinero. ¡Y me saca de quicio cada vez que lo hace! Tengo la sensación de que cree que estoy forrado».

La interpretación del propósito de la tía Josiane es, seguramente, falsa, pero la emoción que te despierta es bien real. En ese momento preciso, puedes «activar» el proceso de Ho'oponopono: *«Perdóname, me siento fatal por haber provocado esta situación. Gracias, tía Josiane, por haberme descubierto esta memoria errónea. Te quiero, por ser la mensajera, tú, que formas parte de mí... y de mi familia».*

Lo mismo pasa cuando a tu hermana le acaban de detectar un cáncer y sigue fumando cigarrillos, uno detrás de otro. Es inútil encolerizarse ni transmitirle tu inquietud, tienes una herramienta maravillosa a tu alcance: *«Lo siento, gracias, te quiero»*. Repítelo tantas veces como sea necesario y envía ese amor a tu hermana.

Cuando el juicio desaparece y la inquietud se calma, es posible comunicarse y actuar conjuntamente para que esa enfermedad no sea un pesado fardo para todos.

Cuando el proceso del amor haya empezado, irradiará amor a tu alrededor. Todos los que te rodean sentirán esa paz y las reflexiones cambiarán para volverse hacia el respeto. El espejo que es la familia puede convertirse en el reflejo del amor que os conecta a todos.

Tu alma ha seleccionado las mejores herramientas para tu desarrollo personal: tus hijos, tus padres, tus abuelos, tus hermanos, tus hermanas, tus tíos y tías. ¡Úsalos! Sirven para hacerte crecer.

¡Sorpresa!

Voy a enseñarte un truco que me fue de gran ayuda para poder permanecer sin expectativas en los inicios de mi práctica de Ho'oponopono. Con cada limpieza yo decía: «Lo siento, perdóname, gracias, te quiero… ¡Sorpresa!».

«Sorpresa», para indicarle a mi mente que estaba a punto de pasar algo, seguro, pero que había que dejar que pasara sin saber qué sería. No tenía la menor idea de qué me iba a pasar ni cuándo ni cómo… La vida me iba a dar una sorpresa tras la limpieza que acababa de hacer, eso era lo único que sabía a ciencia cierta. Mi ego estaba la mar de contento al escuchar la palabra «sorpresa», y mientras se iba regodeando en ese regalo por llegar, daba tiempo a mi Yo profundo para elaborar esa sorpresa. Nunca me han faltado regalos, tan variados como sorprendentes, hasta la fecha.

En la actualidad, ya no tengo la necesidad de decir «sorpresa». He comprendido que puedo tener plena confianza sin expectativa alguna. La sorpresa siempre está ahí, con la certidumbre de que siempre encontraré la mejor solución de la manera más evidente.

BUDISMO SIEMPRE

El doctor Len habla del estado cero como el objetivo de la práctica de Ho'oponopono. Dicho estado me parece equivalente a la vacuidad del budismo. En la enseñanza budista, uno de los objetivos es obtener el vacío, porque sólo con la mente vacía es posible acoger la inspiración. Hay que comprender el interés de estar en vacuidad y cómo Ho'oponopono puede ofrecer una ayuda preciosa.

Hacer el vacío, sí, pero ¿por qué?

Empezaré hablando de esa vocecita que repite mensajes obsesivos y no siempre positivos. Es la mente. Se pone en funcionamiento a la primera de cambio, es decir, todo el tiempo. ¡La mente es increíble! Tiene respuestas para todo, lo sabe todo sobre todo. Aunque sea falso, porque nunca se haya podido verificar y todo indique lo contrario, insiste en lo mismo. La considero como un niño que quiere fastidiar a sus amiguitos con historias que ha oído de los adultos y cuyo significado no comprende. Habla del tema todo el tiempo como si supiera de lo que está hablando.

De esta manera, una ola continua de creencias toma forma y se derrama en tu cabeza. Desde tu infancia, momento en que tu mente absorbe las primeras palabras de los que te educaron, con el paso de los años, tu mente se entrena para atacar todo aquello que se contradiga con lo que te contaron. Registra las novedades en el disco duro de tus creencias y las repite como en un bucle infinito.

La mente escoge las informaciones que recibes y, cuando algunas pasan el tamiz, tu inconsciente las recoge. Tu Yo profundo está ligado a tu inconsciente y, gracias a ello, puede agitar banderas para llamar tu atención en caso de «error del sistema», es decir, en caso de recepción de creencias erróneas.

En general, se sirve de sueños e intuiciones, herramientas ambas que la mente procura mantener alejadas de ti. Así, cuando las creencias erróneas son recibidas por tu Yo profundo, hay una reacción inmediata que no tiene por qué ser necesariamente perceptible porque tu mente parlotea permanentemente. Las pesadillas pueden ser signos muy reveladores. Hay un «virus» en tu sistema de creencias y tú ni te has dado cuenta.

Tu inconsciente o Yo profundo se comporta entonces como un diablillo bueno que intenta hacerte comprender que hay un virus. Dispara todas las alarmas hasta el punto de provocar incidentes graves para que hagas limpieza de memorias erróneas.

Más concretamente, la mente es la que te convence de que sufras para estar más guapa, que el dinero se gana con mucho sacrificio, que todos los ricos son ladrones y que la enfermedad sólo existe para hacerte sufrir… Todas estas frases anodinas te empujan a creer que no te mereces la felicidad, que la vida no vale la pena y tú tampoco, porque te acaban de despedir. Es como un pájaro de mal agüero engendrado por ti mismo y por tu propia cuenta.

Podría ser que, tras el batir de alas negras de tu mente,
se escondan tus aspiraciones más profundas, esas que muestran
tu belleza interior y tu auténtico valor.

Supongo que ya ves por dónde voy. ¿No habrá algún interés en hacer callar al niño caprichoso que es nuestra mente para destacar los elementos positivos que hay en ti?

La vacuidad o el vacío del que habla el doctor Len es lo que permite escuchar y seguir el camino propio: esa Divinidad que está en ti, la que te permite realizarte, la que te dice que tu despido sirve para que puedas llevar a cabo tus sueños, como por ejemplo ser guía de montaña o maestro de niños discapacitados. Esta vía te conduce a mirar tu cara y tu cuerpo como una maravilla en la que la unión de un montón de células da lugar a ese resultado increíble y ver, así, en cada ser vivo, la maravilla de la vida. Gracias al vacío interior, recibes la capacidad para comprender que el universo es abundancia y que tiene de todo para ti. Sabes que mereces la felicidad.

Así es que, cada vez que salga una fase negativa del sombrero de copa que es tu mente, agita la varita mágica de Ho'oponopono y transfórmala en una paloma blanca, desplegando sus alas de amor y gratitud. El vacío que quedará dejará espacio para la paz, esa emoción pura que engendra alegría de vivir.

La mente, una vez «en reposo» o con un nivel de paz significativo, te da la posibilidad de ser totalmente receptivo a las oportunidades que se presentan en tu vida. Cuando la mente dice permanentemente:

«¡Cuánta miseria en este mundo!», sólo eres capaz de ver la miseria y te olvidas del sintecho con el que te acabas de cruzar y que mereća tu atención. Cuando tu mente te repite: *«No valgo para nada»*, le das la razón al no pasar nunca a la acción cuando la oportunidad se te presenta o cuando prefieres esperar a que las cosas pasen solas en lugar de suscitar acontecimientos propicios. Por eso, no hay nada como hacer el vacío para hacer sitio a todas las posibilidades. Hacer el vacío es permitir a la acción divina ser tu intermediaria. Actúas, entonces, con un guía atento a tus necesidades. ¿Y cómo hacer el vacío si no vamos limpiando las memorias erróneas que van acumulándose una detrás de otra?

Cómo hacer el vacío

Veamos una pequeña historia contada por el doctor Wayne W. Dyer. Te permitirá memorizar para siempre el interés de utilizar la limpieza, es decir, de usar Ho'oponopono, para hacer el vacío.

El maestro dijo a su discípulo:

—Debes hacer el vacío.

El discípulo le dijo que no sabía cómo hacerlo.

—¿Qué haces después de comer? –preguntó el maestro.

—Hago la digestión –respondió el discípulo.

—¡No! –dijo el maestro–. ¡Lavas los platos!

Esta conversación fue, para mí, como una revelación... llena de sentido del humor.

Otro elemento que nos acerca a esta técnica de enseñanzas budistas es el hecho de que cada momento es pretexto para practicar Ho'oponopono y, en consecuencia, para estar presente aquí y ahora. Cuando vives un trauma y te encargas de hacer la limpieza, estás en el presente. Cuando te ves contrariado por una noticia perturbadora para tu mente y decides hacer limpieza, estás en el presente.

El futuro es conjetura, el pasado... Ha pasado. Sólo cuenta el presente.

Más que imaginar lo peor cuando escuchas a la vecina hablándole a su marido de lo cara que está la gasolina en la gasolinera del pueblo, limpia las memorias que se activan en ese momento. Así, evitarás pensar en la anulación del viaje en coche que querías hacer y que tenías previsto para mañana, impidiéndote estar más tiempo con tus hijos. Si no lo haces, estarás haciendo conjeturas, viviendo el futuro. También puedes recordar la última huelga de carburantes que te dejó sin gasolina durante varios días. Entonces caes en el pasado. Para mantenerte en el presente, aquí y ahora, limpia los miedos que te sumergen simplemente diciendo: «*Perdóname, gracias, te quiero*». Y deja que la calma se instale en ti. Así podrás escuchar el resto de la conversación que te enseñará que se trata de un problema técnico y tu avería no ha durado ni dos horas, el tiempo de que los surtidores funcionen de nuevo.

Como he descrito en esta pequeña historia, el interés de vivir en el presente es estar en contacto con la realidad, lejos de pensamientos negativos. Porque éstos llegan cuando estás instalado en el pasado (experiencias caducas) o en el futuro (elucubraciones incontroladas de la mente). Contrariamente a las ideas recibidas, no eres realista cuando haces caso de datos obsoletos o imaginados. Estás en la realidad cuando escuchas, aquí y ahora, la información que llega cada instante y te ofrecen la integridad de los datos.

Lo mismo pasa cuando te identificas con tu pasado profesional: «*Me he jubilado con la pensión máxima*». Es como si vivieras con un pie en un mundo ya desaparecido. Sólo existes a medias.

«*Antes, los jóvenes respetaban a los mayores... Eran buenos tiempos*»: vives en la nostalgia de un pasado idealizado. Es mucho más difícil ver el lado bueno de las cosas en tu vida actual cuando tienes la cabeza en el pasado.

«*Los jefes no son tan organizados como eran antes*»: vas al trabajo pensando en lo mal que se hacen ahora las cosas, desde que otros compraron la empresa. Sigues anclado en el pasado, sin ver las oportunidades que se abren ante ti, fijándote sólo en las destituciones que ves a tu alrededor. Todo eso pasa porque no vives el presente, no estás unido a tu Yo profundo, el que forma parte de la realidad.

Anclándote en el presente te vuelves realista. Lejos de miedos y temores, entras en la realidad del momento. Las experiencias del pasado retoman su lugar histórico correspondiente en la memoria. Juegan su papel en el momento apropiado que te permiten construir tu vida, nada más.

El pasado no es tu vida. Es una piedra, entre tantas otras, que te sirvió para avanzar.
En cuanto al futuro, está en tu imaginación antes de materializarse.

Ese pensamiento que creas uniendo todas las piezas necesarias puede convertirse en tu realidad. Este poder mental es actualmente reconocido por numerosos filósofos y científicos. Por eso es tan importante controlar la calidad de los pensamientos. Cuanto mejor sea el pensamiento, mejor será el provenir. Y si aún dudas de tus capacidades para crear un futuro radiante, deja hacer a tu inconsciente o Yo profundo. Para ayudarlo a alejarse del miedo y el temor, de la angustia, usa la limpieza mediante Ho'oponopono. Incluso diría que, en este caso, hay que consumirlo con moderación.

Compasión de amor

Con Ho'oponopono puedes ver cada detalle de tu vida de un modo más intenso y con más amor y compasión. Es una vía que se encuentra con la religión.

«Gracias, te quiero» es un mantra muy simple para salmodiar. Esas palabras permiten entrar en contacto con lo Divino, con tu Divinidad. Yo he comprendido hasta qué punto la repetición puede ser eficaz enunciando esas palabras y repitiéndolas como mantras al infinito. Es una forma de conectar el automatismo del cerebro, un medio para ocu-

par la mente e imprimirle, a copia de repeticiones, una idea nueva. Permanece atento porque toda palabra tiene un doble filo. Tu inconsciente puede entender de dos maneras distintas una misma palabra. *«Un canal volante o un can al volante»* es un ejemplo para entender lo fácil que le resulta al inconsciente reinterpretar las frases que oye cada día; las oraciones y mantras no escapan a esta regla.

En la actualidad, cuando mi mente se desboca ante un acontecimiento, utilizo esta herramienta de limpieza que se activa completamente sola y en perfecta adecuación con mis convicciones. Es la primera técnica que uso tan fácilmente. Creo que es por la simplicidad de las palabras *«Perdóname, gracias, te quiero»* que no da lugar a equivocaciones.

Empezando por el *«perdón»*, por el don de uno mismo, por tu verdadero valor, que es por lo que inicias una conversación con tu Yo profundo.

«Gracias» te da confianza, te pone a merced de la vida y te da fe en ella. Esta palabra es más fuerte que la gratitud. La gratitud hacia el tiempo presente, el pasado o el que ha de venir. Gracias a todo lo que vive, a la gente, a los animales, a la naturaleza, a la Tierra, a tus creaciones. Sí, tienes talento creativo.

«Te quiero» es una frase en la que el sujeto roza el término «amor», asociado al «tú». También hay relación con el «yo». El tú se refiere al otro como el reflejo de uno, de la propia naturaleza intrínseca. En cuanto al amor, es lo más bello que alguien puede recibir de otra persona y de sí mismo.

«Gracias, te quiero» es una plegaria invisible que se dice desde el interior, para ti mismo, la persona que más olvidas en tu vida cotidiana: tú. Aunque esas palabras no nos conducen a una vida inmediatamente maravillosa, son lo más parecido.

SER CRISTIANO

Esos principios fundamentales del amor se encuentran muy presentes en la religión cristiana y, para empezar, quiero evocar esta frase: *«Ama a tu prójimo como a ti mismo»*. En este punto cabe recordar que el prójimo es un espejo de nosotros mismos para hacernos comprender que tú y yo estamos unidos por el nexo sagrado del amor.

Amarse a sí mismo

No obstante, es difícil dar a los demás lo que uno no posee. Llenarse de amor es amar la humanidad que hay en ti, todo ese complejo conjunto que es capaz de hacer sufrir y de hacer feliz. La ausencia de juicio puede ser una vía de acceso a ese sentimiento de paz y, con Ho'oponopono, disponemos de una herramienta de limpieza de juicios de todo tipo.

Cuando juzgamos nuestras propias acciones tratándonos a nosotros mismos de «inútiles» o de «imbéciles», cuando nos echamos el café en la camisa justo antes de salir para el trabajo, bajamos el nivel vibratorio y nos volvemos más sensibles a las agresiones exteriores. La desvalorización de tus propios actos en la vida cotidiana genera una bajada del sistema inmunitario y de la energía.

*Considera que esos pequeños accidentes de la vida cotidiana
como mensajes personales que te recuerdan
que te falta atención hacia ti mismo.*

En lugar de leer las malas noticias del periódico mientras te tomas el desayuno, podrías apreciar ese momento de calma fijándote en elementos positivos y empezar la jornada con buen pie. Concéntrate en lo que pasa por la ventana de tu cocina, examina la forma que tienen las nubes por la mañana, observa la vida que se anima en tu calle. Date el tiempo de saborear el instante.

Transformando los accidentes cotidianos en gratitud hacia la vida, hacia Dios, estarás enviando amor. Y llenándote de amor te convertirás en transmisor para todos aquéllos con los que te topes a lo largo del día.

Entonces, cuando la tostada se caiga al suelo con la mermelada hacia abajo, cuando salta el botón de la camisa, cuando la taza se te cae encima, cuando ya no queda leche, envíate amor a ti mismo: *«Perdóname, gracias, te quiero»*.

Perdonar

Otro elemento que aparece a menudo con Ho'oponopono es la noción de perdonar todo acto que te repercuta. Un poco como eso de poner la otra mejilla, se trata de utilizar los «bofetones» que te da la vida como pretextos para limpiar tus memorias erróneas. El mensajero no está exento de rendir cuentas, sin embargo. El perdón consiste en reconocer que tenemos violencia dentro y que queremos eliminarla para avanzar.

El perdón no tiene nada que ver con la sumisión.

El perdón es cuando le das al otro, y a ti mismo, la oportunidad de reencontrar la vía del amor.

Cuando a una mujer joven le arrancan su cadena de oro por la calle, cuando llega a su casa se siente fatal. Practicar Ho'oponopono puede parecer fuera de lugar en este momento, pero piensa en el miedo que invade a esa mujer, en ese momento preciso. Luego tiene un fuerte sentimiento de culpabilidad, aunque sea la víctima. Esas emociones tienen que desaparecer para actuar de la forma más adaptada posible a la situación.

Cuando permanecemos en el miedo no nos atrevemos ni a salir a la calle. Cuando nos culpabilizamos, no nos atrevemos a dar un paso.

El simple hecho de decir: «*Perdóname, gracias, te quiero*» te da la posibilidad de encontrar la calma y de recuperar tu presencia de ánimo. Entonces podremos decir: «*Perdón por haber suscitado la tentación mostrando esa joya, perdón por haberme dejado atracar, perdón por haber ido por una calle inadecuada... Gracias por haber descubierto esta mala memoria de fragilidad, de impotencia, de rabia... Te quiero, a ti, esa parte de mí que ha creado esta situación*».

Perdónate por haberte visto obligada a crear esta situación a fin y efecto de actualizar tus memorias erróneas y, así, poderlas limpiar. Perdona al universo por haber sido cómplice, perdona al chorizo por haberte mandado ese doloroso mensaje. Y, sobre todo, envíate amor a ti mismo y al universo entero.

Luego puedes ir a la comisaría a denunciar esta agresión sin omitir el detalle de la descripción del ladrón. Algunos pensarán que de nada sirve ir a poner una denuncia cuando ya hemos hecho la limpieza correspondiente y estamos en paz. Pero yo opino que si el caco es atrapado, podrá hacer también Ho'oponopono porque tiene mucho que borrar... ¡ante la policía!

Cuando te parece estar viviendo una situación tan violenta que intentas arreglar el problema mediante la ira, olvidando la noción de perdón, puedes encontrar obstáculos más y más difíciles de franquear.

Pequeña ilustración

Son las 9 de la mañana, llegas tarde a tu cita y escoges un atajo. Sin embargo, el atajo te conduce directamente a un embotellamiento brutal. Una violenta sacudida recorre tu cuerpo. Otro conductor empuja tu coche hacia atrás con un golpe. Sales del coche, echando fuego, para ver si te ha causado algún desperfecto. Viendo la cara de mala leche descomunal que tienes, el otro conductor se enciende también y empieza a pegar gritos. Los ánimos están tan calientes que ninguno de los dos se fija en el problema del embotellamiento. El resto de los automovilistas tocan el claxon sin cesar, vociferan, insultan y a ti te resulta imposible entenderte con tu interlocutor, que no quiere sacar los papeles del seguro. Como las cosas se van poniendo muy feas, alguien llama a la policía, que pedirá los papeles y no los tienes todos en regla. Por otra parte, tu cita lleva esperando más de una hora y acaba llamándote al móvil echando espuma por la boca.

Quizás haciendo intervenir un poco de compasión en este drama matutino, habrías comprendido que tu coche deportivo ha hecho al otro coche frenar antes de tiempo y que podríais haber discutido el tema con calma, en la acera, y comentar la posibilidad de hacer una reparación con un parte amistoso para evitar el rollo de los seguros. Luego, con toda serenidad, tendrías que prevenir a tu cita que ibas a llegar tarde, el tiempo de arreglar los papeles.

El espejo de tu vida puede adoptar todas las formas, de ahí el interés de respetar a todo el que se cruce en nuestro camino. El perdón es una herramienta formidable para volver a la senda del amor. Particularmente utilizando la fórmula mágica en que el perdón se toca con el amor: *«Perdón por haber provocado esta situación, gracias por haber despertado esta memoria que me permite limpiarla, te quiero a ti, mensajero»*.

En tanto que cristiano, cuando pides ser perdonado como tú perdonas a los que te han ofendido, Ho'oponopono es una gran ayuda para tener ese reflejo de sabiduría. Para los no cristianos, el perdón es la clave que sirve para abrir las puertas del amor.

UN POCO DE ISLAM

El Profeta dio a los hombres las reglas para vivir en el respeto a Dios, y entre ellas está la prohibición de representar su imagen y las de las criaturas de la Tierra. Eso explica la presencia de esos magníficos frescos, arabescos y mocárabes que adornan los templos musulmanes. La imaginación de los artistas es tan fértil que cuando los ojos se clavan en una de estas obras, entran ganas de sumergirse en la meditación contemplativa. Quizás por eso las mezquitas son lugares tan inspiradores. No hay ídolos en los que el ego pueda complacerse, sino una vuelta hacia sí mismo para concentrarse mejor en lo Divino. Y en las casas de los que practican esta fe, ninguna imagen viene a distraer la mente, así, parece mucho más fácil admirar el verdadero espejo, que es Dios. Porque es realmente Él quien da sentido a la vida.

Todos espirituales

También veo, en esa ausencia de imágenes, una gran presencia, esto es, un concepto esencial para nuestra comprensión: Dios no tiene límites. No tiene forma, ni dimensión, no está en ninguna parte concreta y, por eso, no se le puede representar. Ninguna materia puede identificarse con Él.

Iré más lejos añadiendo que, como Dios no puede ser representado, lo mismo pasa con el hombre y todas las criaturas de la Tierra. ¿Tendrá algo que ver esta metáfora con la definición más noble del ser humano? Estoy hablando del Dios inmaterial. Está en cada uno de nosotros. No somos sólo cuerpos físicos, somos mucho más, somos espíritu. Las criaturas y su Creador están unidos mediante una energía universal. Gracias a ella caminamos todos por este mundo.

Eres un ser divino en el sentido más magnífico de término.
Eres mucho más que un oficio, más que un papel de padre o madre.
Eres más que una enfermedad que te ataca. Eres parte de Dios.

En esto, Ho'oponopono abre la puerta a este increíble descubrimiento de la naturaleza humana. No sólo te obliga a mirar al interior, sino que te pide dar las gracias y el amor que te mereces como tal.

Recuperar las referencias

Cuando caminaba por las calles de Marrakech y oía la llamada a la plegaria, no podía evitar sonreír. Cinco veces al día me recordaban que soy, inevitablemente, un ser espiritual. Cinco veces al día me reconectaba con mi Divinidad interior. Cinco veces al día encontraba la paz.

Actualmente, en nuestras iglesias no suenan ya las campanas de la espiritualidad. La sociedad moderna ha transformado las campanas en reloj, en una herramienta de comunicación que nos invita al consumo y nos hace olvidar su verdadera vocación.

Bajo el pretexto de la laicidad, lo Divino que forma parte de ti ha sido camuflado, y esa falta de contacto es la que te provoca la necesidad irreprimible de llenar tu apartamento. Has reemplazado el amor por el placer, un sentimiento que no dura mucho y que colmas a base de objetos tecnológicos y romances efímeros. Los anuncios publicitarios y las telenoticias reemplazan las campanas de la iglesia, la ciudad se anima a ritmo del mundo virtual. ¿Cómo encontrar referencias espirituales en un mundo con mando a distancia?

Hay varios medios para entrar en comunicación con nuestra parte divina; las religiones son un camino pero hay muchos otros. Para recordar tu auténtica naturaleza, puedes utilizar todo lo que te lleva a lo mejor de ti mismo. Es inútil intentar compararte con los ideales creados por los medios de comunicación porque eres, al mismo tiempo, un ser único pero íntimamente unido a todas las criaturas del universo. Recuerda que esos lazos son divinos, son lazos de amor. La gente tiene también mucho amor dentro, son tan espirituales como tú, incluso ese vecino que pega gritos por la ventana a las dos de la mañana. Lo que pasa es que, metidos dentro de la materia, la vibración del amor ha querido dar la oportunidad de existir a todas las partículas de vida. Entonces, entrechocan y emiten, juntas, un canto de paz. Para conseguirlo, deben encontrar una vía espiritual. Para conducirlas por esa vía podemos utilizar llamadas al amor como *«Perdóname, gracias, te quiero»*.

CRIATURAS CREATIVAS

«El siglo XXI será espiritual… o no será». Una frase que adquiere todo su sentido en el momento en que escribo estas líneas porque las estanterías de las librerías están llenas de experiencias espirituales de hombres y mujeres que van en busca de su Divinidad. Tú formas parte del cada vez más numeroso grupo de gente que quiere ver este mundo con otros ojos. Comprendes, hoy, que combatir una institución no basta, que la sed de poder nunca se sacia en el mundo material. Hay que ir más lejos.

> *¿Y si la verdadera exploración que debe hacer el ser humano, en este mundo, fuera visitar las profundidades de su alma, las de su ser interior de infinitas capacidades?*

También te has dado cuenta de que todo lo que existe procede del pensamiento, los que otros han transmitido en el pasado y toman forma ahora. Cada invención ha eclosionado en la mente de un individuo antes de aparecer en tus manos. Tus ideas son igual de fuertes. Aparecen en tu cabeza antes de aparecer ante los ojos de los demás. Es nuestra creatividad todopoderosa.

Has creado este mundo. Has dado vida a todas esas contradicciones. Por eso no hay que juzgar lo que nos rodea. Has creado lo mejor que has podido para tu evolución –la prueba es que cuando tienes un problema, te concierne a ti, a nadie más.

Esta noción puede parecer difícil de aceptar; sin embargo, puedo prometerte que es muy real y muy reconfortante. Cuando comprendes que eres actor en tu propia vida, en el más amplio sentido del término, es decir, que tus acciones tienen una incidencia real en este mundo, entonces dejas de ser víctima. Sales de ese papel pernicioso de ser impotente y sumiso frente a los acontecimientos. Entras en una dimensión en la que todo, absolutamente, todo, es posible.

La extensión de esa posibilidad es tan vasta como el universo.
¡Y el universo es muy grande!

Lo que hay en el exterior viene del interior

Retomo mi periplo en el continente de las culturas asiáticas con el feng shui. Te bastará con saber que los que practican este arte ancestral chino, utilizan la energía chi para mejorar tanto las vías materiales como las espirituales. El chi circula por todo el universo y une a todos los individuos entre sí. Esto te tiene que recordar algo.

Dicha energía universal, que penetra los cuerpos y los pensamientos, se impregna, a su paso, de las variadas formas que la naturaleza pone en su camino. Cambia, por tanto, de calidad en función de los lugares y las orientaciones. Basta con un cálculo para determinar el tipo de chi que entra en tu casa y utilizar los cinco elementos para aportar armonía.

El precepto «*Lo que está en el exterior está en el interior*» es una interpretación occidental de este arte. Para los puristas del feng shui tradicional, es el entorno lo que influye sobre el hombre y no a la inversa. El chi circula en el entorno y los elementos naturales (montañas, ríos...) son el relieve energético del lugar. Para conseguir la mejor influencia, disponemos de los cinco elementos: agua, metal, fuego, tierra y madera, para reforzar o disminuir el poder del yin o del yang. De este modo, el chi permite a la gente preservar su propia energía. Los efectos de los cinco elementos están ahí para optimizar y compensar los puntos débiles del hábitat.

Como asesora de feng shui he podido constatar lo siguiente: tú y yo también influimos en el entorno. Una interacción real tiene lugar entre habitante y habitación. Mis observaciones me han permitido comprender hasta qué punto cada uno es 100 por 100 creador.

Éste es un punto de coincidencia fabuloso con Ho'oponopono. No olvidemos que, en el feng shui, como en la vida, lo que está hecho puede ser deshecho.

Creadores interiores

La creatividad en el entorno interviene desde el momento en que personalizas un sitio.

La decoración es una forma de crear, de inventar un ambiente y, para ello colocas cosas que adoras. Yo lo llamo decor-adora-ción. Ello concierne tanto a tu casa como a tu lugar de trabajo. Los cacharros, los muebles, el color de las paredes y las cortinas, la función que das a cada habitación, la manera en que organizas los espacios, eso es creación.

En el jardín pasa lo mismo, las flores, los árboles que plantas, la verdura y la fruta que cultivas, los emplazamientos que escoges, son formas de crear el escenario que te envuelve.

Eres el pintor de tu propia vida, la casa es el lienzo, los objetos son los tubos de pintura que mezclas entre sí y tus manos son los pinceles que van aplicando capas.

Y como entiendes los espacios en función de tu cultura, de tus tradiciones, tus gustos y tus sueños, muestras al mundo lo que eres por dentro. Por eso, todo lo que envuelve sale de tu «interior».

Añadiría que el hecho de escoger un apartamento y no otro, de alquilar un local o una oficina para tu negocio, incluso invertir en una casa para las vacaciones, son elecciones que forman parte de esa sutil ecuación de la creatividad. Algunos hablan de corazonada o de buena relación calidad/precio, elementos siempre subjetivos que sólo para ti tienen un determinado valor. Una vez más, eres el actor y creador de la decisión.

> Cuando quieres instalarte en un espacio, haces la selección con tus propios criterios del momento, según tus circunstancias. También es revelador cuando uno escoge una casa en la calle Libertad o la calle de La Caridad, por ejemplo. Esa dirección postal, lejos de ser anodina, puede ser reveladora de lo que el inconsciente intenta transmitirte. En ese caso también, eres tú quien crea los índices necesarios para la comprensión de la transformación que va a operarse en ti.

Estás tan inclinado a pensar que no dominas nada ni tienes el menor poder sobre tu entorno, que te olvidas de hasta qué punto tienes un impacto real sobre éste. Te hablo de tu casa, evidentemente, pero lo mismo pasa con la localidad que has escogido para vivir, tu región, tu país e incluso tu planeta. Dispones de un gran poder del que no eres consciente.

También tengo que señalar que eres un excelente creador de creaciones perfectas. La casa, la región o el país en el que vives te convienen perfectamente. Es difícil, sin embargo, creer en esa perfección en la selección de una casa cuando aparecen catástrofes que te dejan hundido. ¿Y cómo admitir esta teoría cuando los vecinos son estudiantes cuya vida nocturna perfora todas las paredes de tu apartamento? ¿Qué decir de los olores insoportables que llegan de la fábrica de tratamiento de residuos que invade tu oficina justo cuando han pasado varias semanas desde que la compraste? Todo ello se presta al mayor de los escepticismos sobre tu capacidad creadora, junto con un marcado sentimiento de culpabilidad por hacer las cosas fatal.

La parte más ardua consiste en aceptar esos fenómenos como herramientas de evolución y no como obstáculos insuperables e injustos. Ho'oponopono está ahí para ayudarte a poner los acontecimientos en su sitio, alejándote del papel de víctima y, por tanto, permitiéndote recuperar tu papel de actor creador.

Estos signos que trastornan tu vida cotidiana
son descargas eléctricas para hacerte reaccionar,
para devolverte a la esencia misma de tu vida.

Los accidentes domésticos pueden ser el anuncio de que tienes que dejar un poco de lado tu parte material y concentrarte en tu realización interior. ¿Los vecinos ruidosos querrán despertarte de tu torpeza, instalada en tu vida y que mantienes al precio de tu felicidad? En cuanto a los malos olores, ¿no te estarán anunciando abiertamente que no eres capaz de «percibir» lo que pasa en tu vida o que no te hueles lo que trama ese nuevo cliente? Todo tiene un sentido.

Practicando Ho'oponopono no sólo se aceptan los acontecimientos, sino el magnífico poder creador que te ha permitido elaborar un entorno propicio para tu evolución. De este modo, es más fácil agradecer la intervención de terceros para abrirte a nuevas perspectivas. La limpieza de sentimientos de culpabilidad e ira que aparezcan en ti te brinda la oportunidad de acceder a una nueva visión sobre tu propia vida y de dejar sitio para mejores soluciones. Puede que tengas que distribuir las habitaciones de manera diferente, quizás irte a otra ciudad… Sea lo que sea, siempre será para continuar con tu evolución.

Atracción y Ho'oponopono

Del feng shui al poder de la atracción no hay más que un paso místico a franquear. Este modo de funcionamiento es una especie de ley universal inevitable. Para resumir el principio de la ley de atracción, constatemos, simplemente, que los comportamientos agresivos atraen la violencia, los gestos afectuosos atraen la compasión; éstas son experiencias que todos hemos vivido, recogiendo lo que hemos sembrado.

Cuando comprendes que el entorno es una emanación de tu persona y que el chi circula por todas partes, entiendes que el universo puede presentar aspectos negativos, tanto como positivos, en función de lo que la energía encuentre, y es fácil imaginar el impacto que uno tiene sobre el otro.

La calidad de la energía que reina en tu casa depende de su orientación y del entorno exterior, ya sea natural o artificial (montañas, ríos, mares o calles, edificios o carreteras). Cuando una casa recibe energías nefastas, es necesario contrarrestarlas jugando con la disposición interior. Convertir el domicilio en un nido acogedor para toda la familia es un buen remedio.

Así se transforma la energía negativa en una onda beneficiosa para todos los que comparten la casa. El otro aspecto, pero no menos importante, es que una vez que la energía se transforma en positiva, se ejerce una transformación que lleva a que el lugar cambie de nivel vibratorio. Cuando ello se produce, las energías nefastas que rodean la casa son conducidas hacia otros cielos, dejando el campo libre a las ondas benéficas.

Más concretamente, cuando los habitantes de un sitio deciden mudarse en función de los principios del feng shui porque quieren que se realicen sus proyectos, por ejemplo, optimizan el sitio para concretar sus sueños y los objetivos se alcanzan con rapidez.

La observación me ha permitido comprender que ese mismo cambio se operaba también en el modo de pensar de los habitantes. La causa fundamental de esta metamorfosis se debe a la buena circulación de la energía en la casa. Esto puede responder a la circulación de la energía de los habitantes, que se ve facilitada por el lugar –porque ningún obstáculo incide sobre ella–, por ejemplo, el acceso a la mesa de trabajo. La casa «resbala», no hay ningún desorden que permita el estancamiento de la energía que le haga perder calidad, los armarios están ocupados por cosas necesarias y útiles, los objetos inútiles o sin sentido van al vertedero, dejando espacio a futuros objetos necesarios. Los cuadros y los objetos decorativos son evocaciones positivas para todos los habitantes de la casa. De este modo, ven aumentar su optimismo, ganan confianza y crecen las oportunidades. Atraen la suerte y el éxito está asegurado en sus proyectos. El fenómeno de la atracción se ha puesto en marcha.

A veces, hay que decirlo, los cambios son tan sutiles que las personas no los perciben de entrada y empiezan a perder la paciencia y a dudar de los fundamentos de su proyecto. Las ideas negras empiezan a crecer, la atención se vuelve hacia ocupaciones que consideramos mejor adaptadas al estado emocional del momento. Algunos se sumergen en los videojuegos para pasar el tiempo, otros se ponen a remodelar el garaje para sentirse útiles, mientras que otros deciden limpiar la casa de arriba abajo una vez por semana para evitar sentirse culpables. De repente, dejan de llevar encima los documentos necesarios para la continuidad de su proyecto, dejándolo todo para «otro momento» que vendrá, con carácter de urgencia, cuando menos lo esperen.

La duda abre la puerta a la desvalorización, los proyectos se guardan a dormir el sueño de los justos. «*No hay ni que perder el tiempo hablando de este tema, era una idea estúpida y yo soy un imbécil por haber creído en ella*». La ley de la atracción actúa siempre, pero la noción de «bien» o «mal» se le escapa totalmente. Ella atrae a tu casa lo que tú envías, y si no envías lo mejor…, ya me entiendes.

Con la energía o chi pasa lo mismo. Los sitios estancados captan energías estancadas, las paredes que han visto dramas desarrollarse atraen energías perversas. Romper el círculo vicioso que se acaba instalando es absolutamente necesario y, cambiando el nivel energético de un sitio, es posible conseguir un chi beneficioso. Lo mismo pasa cuando se rompe con hábitos emocionales perniciosos. Cuando te deshaces de rol de víctima, entras en una dinámica en la que todo es posible. Haz sitio a la abundancia y a la prosperidad en tu casa y en tu vida.

Como se ha explicado en el principio de la ley de la atracción, el aspecto emocional es muy importante. Los sentimientos negativos que te hunden, atraen otras emociones negativas cada vez más incómodas. Debes saber que las emociones no están ahí para guiarte, de lo contrario caes en todas las trampas. Felizmente, Ho'oponopono está ahí para ayudarte a sacar provecho de ellas y coger las riendas de tu vida.

Cuando las emociones dirigen tu vida cotidiana
y estás confundido entre sus nieblas,
es esencial una buena limpieza de la casa y de la mente.

Cuando piensas que el mundo es injusto, que tu marido o tu mujer se han portado mal o que tu jefe es completamente irracional, no eres tú quien está guiando tu vida, sino tus miedos, tus temores y tus dudas. Las creencias erróneas que hacen surgir pueden ser fácilmente borradas y, con Ho'oponopono, cada situación difícil es un pretexto para hacer limpieza: *«Perdóname, lo siento por haber creado esta duda, no sabía que guardaba esto dentro de mí…, gracias, gracias por haberla hecho surgir para que pueda borrarla…, te quiero, por haberme hecho dudar…, me quiero, a mí mismo, por haber señalado esa creencia con el dedo para eliminarla definitivamente».*

La fórmula *«Gracias, te quiero»* basta para su completa disolución y, en caso de duda sobre la limpieza, basta con repetirlo hasta que la emoción negativa dé paso al sentido común, a lo que va más allá del miedo, al amor. Todas esas emociones que generan más dificultades que soluciones pueden barrerse con una sola frase. Encontrarás la mejor de las energías atrayendo, al mismo tiempo, la mejor de las soluciones. Es una herramienta imprescindible para hacer eficaz y positiva esta ley de la atracción universal. No dudo en aconsejar su uso porque hace accesible, a todos, el enorme potencial que hay en este mundo. Es un complemento esencial para la realización de tus proyectos y tus sueños, una llave que te abre al universo de las posibilidades. Y como ya he sugerido, el universo es enorme, ¡imagina la cantidad de posibilidades que contiene!

Atracción: modo de empleo

Para utilizar de forma óptima la ley de la atracción, es necesario comprender que ésta no distingue entre el «bien» y el «mal». Actúa siempre, poco importa la persona, sobre el lugar, el tipo de pensamiento. El mejor medio de atraer acontecimientos positivos gracias a este fenómeno cuántico es emitir, permanentemente, pensamientos positivos. Lo cual, *a priori*, no es posible para la mayoría de la gente que vive en este planeta.

Ho'oponopono nos descubre nuestro potencial interior. Permite limpiar los pensamientos negativos que no son sino memorias erróneas. Actúa como una ducha de amor, donde sólo hay que decir «perdón, gracias, te quiero» para accionar el grifo. Una vez limpiadas, las memorias negativas se disuelven para siempre. Dejan sitio libre para la apertura positiva. El fenómeno de la atracción opera rápidamente gracias a las conexiones que se forman a través de los pensamientos positivos. Cuanta más limpieza, más clara es la visualización. Puedes entrar más fácilmente en la visualización del éxito, del triunfo, practicando Ho'oponopono.

Con cada duda, limpia. Con cada miedo, limpia. Con cada impaciencia, limpia. Con cada emoción negativa, limpia.

Y como tienes confianza en este fenómeno de la atracción, no tendrás ninguna expectativa concreta en cuanto a qué pasará. Algunos dicen que hay que tener fe, otros que hay que tener confianza en la vida y yo os diría que la práctica de Ho'oponopono empieza por no tener expectativas en cuanto a su resultado. Porque la última cosa que necesitas, cuando estás hundido en la miseria, es ocuparte de los detalles del resultado. Sabes qué es lo que necesitas. Necesitas abundancia de cosas positivas, no sólo de dinero. Necesitas curarte, no encontrar un remedio milagroso a la enfermedad. Necesitas compartir tu vida con tu alma gemela, no vivir con una criatura clónica. Necesitas un trabajo adecuado a tus competencias, no el «empleo ideal» que has visto en un anuncio.

Emites una petición positiva, visualizas la película de tu sueño realizado exitosamente, limpiando tus miedos a medida que discurren los días tras tu petición. Y sobre todo, deja que la vida haga su trabajo. Todo llegará en el momento adecuado, de la mejor manera para ti.

Ho'oponopono resuena en cada cual

Para completar mi exposición sobre la ley de la atracción, te llevaré más lejos en el mundo de lo sutil, allá donde muchos de vosotros adivináis que está la respuesta a muchas preguntas.

Porque tú y yo estamos hechos de carne y hueso, es fácil renunciar a esa parte de nosotros que piensa y reflexiona. Mis ideas no están contenidas en un órgano, más bien parecen salir de alguna parte por ahí arriba, como fuera de mi cabeza. No tengo necesidad de pasar un IRM para comprender que mi cerebro es un receptor. Almacena datos y éstos, en forma electroquímica, se reparten por mi organismo.

Además de eso, he considerado la posibilidad de que, como el feng shui, la información pueda ser de mejor o peor calidad, según el estado de las personas que la envían. Y digo bien, «el estado» emocional y no la persona en sí misma. Todos somos bastante parecidos en cuanto a nuestra constitución, los problemas de salud y las experiencias vividas marcan la diferencia a nivel físico, lo cual no nos hace ni mejores ni peores que los demás.

Las emociones tienen la capacidad de provocar alegría o de sacar a relucir creencias erróneas y nos ponen en estado de angustia. En ese momento, tus pensamientos pueden convertirse en un problema para los demás. Dispones de un radar que te permite «detectar las ideas que flotan en el ambiente» y ponerte en sintonía con el que tienes delante. La actitud corporal es un medio de comunicar, pero también, y más sutilmente, percibimos la energía que emana de las personas.

La secreción de feromonas parece dar una respuesta satisfactoria, a los científicos, sobre este fenómeno. Pero la secreción hormonal se desencadena cuando recibe la orden explícita de hacerlo; me pregunto quién da la orden. Cuanto más nos remontamos en el proceso, más clara aparece la idea de un pensamiento que desencadena todo el mecanismo.

Todos hemos tenido la experiencia de sentir algo desgarrador sólo con hablar con un desconocido, si el sexto sentido nos indica tener prudencia con una persona o, al contrario, si sentimos brotar una simpatía fabulosa en un segundo.

La energía que emana de tus pensamientos es perfectamente percibida por el resto, como un fenómeno amplificado, cuando eres presa de una emoción intensa, como la ira, que te hace topar con gente agresiva.

Como ejemplo, tomaré el comportamiento al volante: el coche es uno de los lugares más extraordinariamente expuestos a emociones intensas, de todo tipo.

¿No te has dado cuenta de que cuanto más asediado te sientes, más bocinazos te pegan? Cuanto más miedo tienes de incorporarte a una carretera, más coches vienen. Cuanto más te quejas del tipo que te ha adelantado a lo bestia, más insultos recibes del motorista que se cruza intempestivamente en tu camino.

Por el contrario, cuando cantas, con el corazón alegre, con una música que te encanta en la radio, el camino se hace corto y todo va bien, los otros automovilistas se comportan como seres humanos normales y todos los semáforos se ponen en verde cuando llegas a ellos. ¿Es suerte? Puede. Yo diría que es, más bien, «resonancia».

Tu estado emocional es tu estado vibratorio.
Tus vibraciones dan origen a los famosos espejos, los otros.
Su reacción no es sino el eco de tu estado interior.

Lo repetiré una vez más: nada como una buena limpieza de emociones negativas para ponerse en sintonía con la vida. Encontrarás, entonces, más y más personas atentas que vibran en tu frecuencia, poniéndote en modo Ho'oponopono.

Así funciona la ley de la atracción, atraes lo que emites, por lo tanto, vibra con lo mejor que hay en ti.

CÓMO CAMBIAR EL MUNDO

Tras la lectura de este libro podrías tener alguna idea al respecto. Te daré una pista, que todo empieza en «ti» y acaba «cambiándote». Ésta es la solución: *«¡Cambia el mundo cambiándote a ti mismo!»*.

También podría decirte que el mundo se cambia cambiando tu forma de verlo, pero con eso solamente no basta. La visión que tienes de la vida, de la sociedad, de la gente, de la bolsa o de la moda, es una visión propia y única. Depende de la educación que tengas y de tu personalidad. Las prácticas espirituales te permiten actuar con compasión y tolerancia, formidables medios para cambiar tu modo de ver a los demás, pero siempre queda una cosita que perturba. Ese granito de arena perturbador es el juicio.

¡Cambia el mundo cambiándote a ti mismo!

¡Sí! Yo te juzgo a ti, tú me juzgas a mí y todos nos juzgamos todo el tiempo. Y no necesariamente de manera consciente; son pensamientos fugaces que aparecen y desaparecen tan rápidamente como han aparecido.

Fragmentos escogidos de pensamientos que juzgan

«Me gusta más con el vestido negro. Le sienta mucho mejor».
«¡Vaya corte de pelo! ¡El peluquero debe de ser su mayor enemigo!».
«¿Por qué narices no se mueve ese inútil? ¡Si está verde!».
«¿Otra vez judías verdes? ¡Si las cenamos ayer!».
«¡No aguanto al tío este! ¿Qué hace aún en la tele?».
Estas pequeñas espinas que salen de tu cabeza son caricias tan suaves como el papel de lija en el culito de un bebé. Dejan

> **heridas que marcan y duelen. El culito representa tus relaciones con la gente y las marcas son tus juicios hacia ella. Imposible dar marcha atrás, las excusas no bastan, se produce un bloqueo.**
> **Si lo piensas, te das cuenta de que has estado vejando a una persona, que está mal, pero que se te ha escapado sin querer verdaderamente.**

¿Cómo salir de ese círculo infernal en que tus pensamientos más agrios y menos delicados se han instalado? Puedes preguntar en tu entorno para que se pongan en modo reflexión y luego te informen sobre lo que han concluido. Y aunque tengas la mejor voluntad del mundo, necesitarás años y años de trabajo para comprender todas las sutiles conexiones que se operan en ti frente a los millones de acontecimientos que la vida te proponga. Incluso el ordenador más potente del mundo sería incapaz de computar todas las posibilidades de reacción que podrás tener a lo largo de tu vida. Aunque, admitámoslo, un ordenador puede realizar tal proeza, pero luego necesitaríamos que los siete millones de individuos, susceptibles de conocernos en la vida, tuvieran la suficiente comprensión para asimilarlas. Y podría ir más lejos si pensara en los siete millones de composiciones por cada habitante de la Tierra. Personalmente, creo que tú y yo, como todos, tenemos en nosotros toda la información que circula por el universo. Lo que pasa es que en la actualidad el estadio evolutivo humano está aún muy lejos de la explotación total de ese poder. Así que, por el momento, este tipo de aprendizaje nos resulta imposible.

Te propongo un método más simple que exige un poco de tiempo pero que la vida irá aligerando a medida que se vaya abriendo tu mente. Esta técnica consiste en convertirse en el cambio que queremos ver en este mundo, tales son las palabras que Gandhi dejó a la humanidad.

Si quieres ver amor en el mundo, sé amor.
Si quieres ver paz en el mundo, sé paz.
Si quieres ver alegría en el mundo, sé alegría.
Esto puede parecer muy básico como principio, de hecho, ¡lo es!
Pero también es eficaz.

Volviendo al tema de hacer juicios, hay una buena solución para alejarse de este fenómeno tan embarazoso que te impide vivir con amor, paz y alegría. Es la *aceptación*.

Aceptar lo inaceptable es la clave que permite dejar ir, definitivamente, el problema de los juicios. Esto sigue siendo distinto a la sumisión a los acontecimientos. La sumisión es inacción y, como la vida es movimiento, todos tenemos interés en actuar para estar de acuerdo con ella. La aceptación consiste en estar en paz en lugar de montar en cólera o reprochar. Es una forma de preservar la energía en lugar de desperdiciarla en depresiones u odios. Gracias a la aceptación, puedes mantener la «cabeza fría» y obtener resultados prodigiosos con los demás.

El juicio, esa piedrecita que llevé en el zapato durante tanto tiempo... Vuelve de vez en cuando, cuando no cultivo el terreno baldío de mi mente.

Hace tiempo que fui consciente de que la ausencia de juicio podía ser garante de paz, mientras que lo contrario me provocaba largos insomnios.

Durante una discusión familiar sobre la necesidad de tener un ejército para defender al país de las naciones enemigas, vi hasta qué punto la mente puede ir más allá de la razón. Mi interlocutor afirmaba que la toma de rehenes justificaba el ataque del ejército al país enemigo. Según él, era una acción necesaria para la tranquilidad del país. «*Nuestro ejército está para defendernos, los soldados asumen el riesgo de morir por nosotros*». Seguramente le habría gustado ser un héroe. Pero, según mi punto de vista, los que retienen rehenes también están viviendo algún tipo de agresión en su país y si secuestran a alguien es para proteger a sus familias y a su patria.

No encontré las palabras para calmar la discusión, demasiado preocupada con la idea de que quitarle la vida a alguien es, para mí, del todo inaceptable.

Ésta era una historia de valores diferentes que entorpecían la conversación. Pero, sobre todo, era un problema de juicios. ¿Quién es bueno y quién es malo? ¿Quién tiene la razón y quién se equivoca? No siempre tengo respuesta para todo. En lo más profundo de mi corazón sé que cada vida tiene su razón de ser, que cada vida es preciosa y única. Merece respeto por ser como es. Esa noche me olvidé de entrar en el amor. El conflicto que viví me perturbó toda la noche y parte de la mañana hasta que comprendí que, aceptando las opiniones de los demás, por muy violentas que me parezcan, entendería que soy yo misma quien ha propiciado esa discusión para usarla como espejo. Hay alguna parte de mí que teme que el prójimo me lleve a matarlo. Créeme que es tan duro de escribir como de aceptar.

En un caso como éste, sólo funciona la aceptación y la ausencia de juicio. Por otra parte, es el ego quien toma la delantera y se enfada con el portador del mensaje. Denigrando al otro actúas de manera protectora contigo mismo, impidiéndote ver y aceptar la parte sombría que llevas dentro. Esa pequeña sensación de seguridad te lleva al rechazo del otro; tal malestar te lleva a la evocación permanente de esa persona. Una creencia errónea acaba de nacer: *«Mi juicio es mejor que el suyo»*.

Para facilitar el proceso de aceptación, la fórmula: *«Perdóname, gracias, te quiero»* me sirvió mejor que en ningún otro caso esa noche. Tener confianza en la vida es tener confianza en las elecciones de los demás y aceptar que no son ni mejores ni peores, que son las suyas personales y así es como deben amarse las personas.

El segundo efecto es la aceptación de uno mismo, de su responsabilidad en los acontecimientos, incluso los más penosos. La ausencia de juicio permite conseguirlo.

De hecho, el mejor momento fue cuando me envié amor a mí misma, un amor incondicional que llegaba hasta la persona que me había revelado el problema y había permitido mi bendición.

Dar las gracias

Cuando la vecina te ofrece flores de su jardín, cuando tu hijo de más de dieciocho años te da un beso, cuando los comerciantes te hacen un descuento y tu coche arranca a la primera por debajo de los 10 °C, cuando tu jefe te da la tarde libre, es síntoma de estar entrando en otro momento nuevo. Estás en el camino de la serenidad. Al principio con tímidas señales, pero luego se vuelven temporadas largas y flexibles, penetrando fácilmente en la gran maratón de la vida. Durante muchos kilómetros, descubrirás tus capacidades, esas que nunca creíste que aparecerían, revelando su sorprendente poder de resistencia y superación. Es un momento divino en el que descubres que los límites no existen.

Siempre quedo estupefacta cuando veo las capacidades que duermen en cada ser humano. Esta abundancia está por todas partes. Tanto en el cuerpo que creemos conocer y que, de repente, nos sorprende con una curación inesperada, como en el buzón que contiene un cheque que evitará que te quedes en números rojos este mes. Es posible ir más lejos vibrando con amor y gratitud hacia las pequeñas cosas que la vida nos brinda. Cuanto más agradezcas verte así colmado, más abundancia te nutrirá. Cuanto más ames la vida, más amor te brindará ésta. A veces pienso que demasiado. Es realmente hermoso verme envuelta por la timidez y no saber dónde meterme frente a tan maravillosos regalos de la vida.

Acoger esta felicidad con el corazón abierto ha sido, para mí, otra forma de practicar Ho'oponopono. Aprendí a decir «Gracias». Gracias a todas las oportunidades que se abren ante mí, gracias a lo que ha provocado mi vida actual, a lo que la ha construido durante años. Siento esta gratitud como expresión de mi Yo profundo, del que descubro su enorme potencial.

Pienso en todos estos años en los que oí a los maestros espirituales, de todas las confesiones habidas y por haber, hablar de dar gracias a

Dios. En esa época no podía comprender la auténtica necesidad de hacerlo. Era incomprensible para mí decir «gracias» a algo que no veía, que apenas sentía y que me hacía vivir cosas difíciles.

La particular experiencia que vivo con Ho'oponopono me ha permitido abrirme a otros métodos de desarrollo personal y aceptar mi verdadera naturaleza, poner al día mis talentos, descubrir personalidades maravillosas, desencadenar proyectos y llevar a cabo la mayoría.

Cuando me doy cuenta de todo eso, no puedo sino dar gracias a Dios, al universo o al pensamiento que me ha permitido cumplir mis sueños. Y esto está lejos de haberse acabado. Tengo la impresión de estar balbuceando las primeras palabras de mi evolución, tal es la potencia de la energía creativa.

«¡Gracias!».

Gracias, gracias por estar ahí. Gracias a los que se han cruzado en mi camino permitiéndome ser consciente de su existencia. Gracias a todos los espejos que son los demás y que son una emanación de mi subconsciente. Gracias a mi ego por fijar memorias erróneas que puedo borrar con amor. Gracias a vosotros, lectores, por existir y permitirme escribir este libro.

CÓMO VIVIR LOS MOMENTOS DE DUDA

Entre vosotros hay personas que practican Ho'oponopono desde hace semanas o meses y que, a pesar de ello, continúan recibiendo de la vida duras descargas eléctricas. Esas descargas llegan sin demasiadas estridencias. Cuando andas tranquilamente por la vía del amor, de repente, aparece una gran montaña de culpabilidad y dudas.

Has limpiado concienzudamente el terreno baldío que era tu mente para transformarlo en un jardín. Eliminaste las malas hierbas que son las emociones negativas para convertirlo en un magnífico parque con árboles de la serenidad creciendo, con parterres de flores de bondad cuidadosamente dispuestos y el césped de la tranquilidad impecable. Lo que pasa entonces es que, cuando alguien tira una piel de patata en tu precioso jardín, ya no ves otra cosa que esa asquerosidad infame que ensucia tu paraíso. Esa visión focaliza toda tu atención.

Después de esta metáfora un tanto cateta, vamos a dar algunas pistas para ayudarte a comprender mejor este fenómeno que te genera culpabilidad y otras emociones desagradables cuando limpias tus memorias erróneas.

Quizás es porque, tras algunas semanas, entras en una vibración más ligera que cuando cedías a antiguos hábitos y, así, te das cuenta de que ya no podrías vivir con la antigua vibración. Ya no te corresponde. Estás cada vez más alejado de esa forma de pensamiento y, si reaparece, su intrusión resulta tan perturbadora que se hace insoportable.

Quizás sea porque los viejos combates descienden a tu suelo cristalino con las botas sucias y, reconociendo esa suciedad, te angustias. Manchan tu actual vida. Es imposible que tu ego las esconda tras las cortinas del rencor que ya limpiaste hace tiempo, desde que practicas Ho'oponopono. Ahora resultan mucho más visibles que antes y te sacuden ahora que estabas tan sereno.

Quizás hayas olvidado hasta qué punto tu vida era caótica antes de la gran limpieza.

Imagina que te has pasado toda la vida en una ciudad bombardeada continuamente, con atentados terroristas sin cesar, y que todo se acaba mediante una limpieza profunda. Acabarías de encontrar la llave para hacer tu vida más armoniosa gracias a Ho'oponopono y habrías conseguido vivir en la ciudad de la paz. Sin embargo, quedan aún algunos gamberros escondidos en pasadizos subterráneos. Permanecen invisibles en el pasado, pero están ahí y, de vez en cuando, te tiran una granada.

La sorpresa y el miedo que se suceden están justificados. Tu único interés es continuar con la limpieza para que el amor llegue al subsuelo de la ciudad. De lo contrario, el caos emocional podría ganar más terreno.

Así, puedes aprehender la práctica de Ho'oponopono. La limpieza se hace, en principio, en superficie, y la sensación de calma será cada vez más perceptible a medida que se vayan haciendo limpiezas. El gran «bum» que aparece cuando le sonríes a la vida con todo el corazón es de la misma intensidad que las memorias erróneas que has ido limpiando. En el paisaje tan apacible en el que se ha convertido tu vida, el «bum» parece tan grande como el de una bomba atómica. Hasta ahora, no te habías dado cuenta porque fue a caer entre el montón de escombros que llenaba tu ciudad.

Cuando miro a las personas a mi alrededor, que viven en el caos emocional, me pongo el desafío de limpiar la imagen que me envían de sí mismas con la esperanza de devolverles paz interior, mientras las veo vivir sus vidas. Entro en comunicación con ese desorden que yo también sufrí durante años. Me reconcilio con él a través de otras personas y les mando todo el amor que merecen para permitirme amar lo que un día fui y que ellas son todavía. La ausencia de juicio, la aceptación y el hecho de vivir sin expectativas concretas son esenciales para conseguir la paz interior. Eso también es Ho'oponopono, la reconexión en el amor de todo lo que nos ha nutrido y nos ha permitido ser lo que ahora somos.

HO'OPONOPONO EN LA VIDA COTIDIANA

Lo que me gusta de la práctica de Ho'oponopono es que se integra fácilmente en todos los modos de vida. Tanto si eres creyente, como si eres ateo o estás en tu búsqueda personal, esta herramienta tiene su utilidad cuando necesitas evolucionar. Porque el ser humano tiene necesidad de comprender de dónde viene, lo que es y por qué está aquí. Hay, en cada uno, una pregunta que necesita su respuesta. La búsqueda de sentido es un motor potente que le da alas a la vida. Su intensidad varía únicamente en función de la voluntad individual. A cada cual le toca decidir la marca que quiere dejar, sabiendo con seguridad que ese motor está lleno de energía positiva e ilimitada.

¿Por qué es tan potente? Pues bien, porque simplemente ese Yo profundo que está ahí, repicando de alegría por hacerte descubrir la magia de la vida, ese motor, pende del depósito ilimitado del universo, con abundancia de su carburante, que es el amor.

¿Qué es el amor? Es el gran flujo que atraviesa el universo y que algunos perciben como el poder de Dios. Otros lo llaman poder de la intención y otros lo llaman chi. Lo que yo puedo decirte es que está por todas partes y que nos une al universo. Así como cada uno de nosotros, en este planeta, estamos conectados con el universo, estamos conectados entre nosotros mismos. Esta unión no es metafórica, está ahí, impalpable pero presente. Sabes que las ondas de los satélites se mandan a la Tierra para podernos conectar a unos con otros. Siendo así, considérate una especie de antena. Dispones de una potencia inagotable que te envían todos los satélites del universo para que la transmitas.

¿Cómo transmitir amor? Es muy fácil, de hecho, poniéndote el chip de contacto con el universo.

El chip es tu Yo profundo, tu Divinidad interior, y el código de acceso es: *«Lo siento, perdóname, gracias, te quiero»*. Luego, deja que el universo haga su trabajo, o Dios o la intención. Es todo.

Lo increíble de Ho'oponopono es que no reemplaza ningún camino evolutivo, todo lo contrario: acompaña todas las técnicas que van en este sentido. Por ejemplo, cuando utilizas herramientas como la meditación, el yoga, el Qi Gong, cuya función es aportarte calma y que sientas tu mente irse, Ho'oponopono permite regresar a la concentración interior que te aporta la paz. *«Lo siento, perdóname, gracias, te quiero»*. Eso te ayuda a «recogerte» cuando tu ego encuentra excusas para no sumergirse en la meditación.

Otro punto interesante es que no necesitas a nadie para hacer Ho'oponopono. Ningún gurú, ni terapeuta ni sacerdote puede hacerlo en tu nombre. Es la autonomía del pensamiento la que se pone en funcionamiento con este método. Cada vez que surge un conflicto, eres tú quien decide si limpiar o no limpiar el acontecimiento. Nadie interviene ni decide en tu lugar. Eres el único autor.

De hecho, es un elemento que siempre me ha llamado la atención en esta práctica. Estuve seducida por la idea de no tener que pedirle nada a nadie para salir de la culpabilidad, los celos, el miedo, la lujuria… y que bastaría estar en onda conmigo misma.

La noción que me sedujo para decir *«Lo siento, perdóname, gracias, te quiero»* a la vida era mi responsabilidad frente a los acontecimientos o, más precisamente, mi participación creativa en su elaboración. No tenía que preocuparme por la razón de las cosas, simplemente tenía que ver los hechos por lo que son: mensajes personales para evolucionar. Representó un ahorro de energía formidable. Imagina toda la energía que se necesita para guardar rencor, ira o tristeza. A más fatiga inútil, más contrariedades que duran días o meses. ¡Menudo ahorro!

A medida que pasan los meses y los años practicando Ho'oponopono, hago nuevos descubrimientos. Porque esa limpieza de memorias erróneas, ese vacío que se crea en provecho de la inspiración, da lugar a sincronicidades: cosas que pasan en el momento oportuno porque el inconsciente ha permitido su existencia en tu entorno. Sabes que no hay lugar para el azar cuando llegas a ese nivel de comprensión. Todo se convierte en mensajes.

Desde el libro que has escogido hasta la conversación corta que has mantenido con un desconocido en la estantería del súper, pasando por el *mail* que te ha dado una idea para la redacción de tu próximo artículo, todo es un movimiento de perpetua actividad. Ahí está, delante de ti, como signo de abundancia que llega a tus manos.

Dicha abundancia es transportada por el flujo del universo o el poder Divino, o esa energía divina cuyo nombre adivinas, ¿no? Sí, es eso: ¡la abundancia viaja sobre las alas del amor!

HO'OPONOPONO Y TÚ

Nathalie Bodin

Querida lectora, querido lector: seguramente ya has comprendido que la práctica de Ho'oponopono es un arte de vivir que conviene intentar para comprender su auténtico poder. Te invito a entrar en su práctica en el momento que te parezca oportuno.

La fórmula *«Lo siento, perdóname, gracias, te quiero»* es una base que puedes modificar según tu carácter. No hay reglas. Para unos basta con un *«Gracias, te quiero»,* otros, como yo, improvisan para darle mayor impacto a la limpieza. Lo más importante es conectar con tu potencia interior. Es un poder de creación que vive permanentemente en ti, sólo tienes que llamarlo para conectarte a él.

Esta conexión con el amor es un regreso a nuestra verdadera naturaleza. Para conseguirla hay tres etapas que pueden ayudarte en esta proeza. La primera es cumplir tu misión personal gracias a la limpieza de memorias erróneas, como ya ha explicado Jean Graciet. La segunda es la aceptación de tu parte oscura, es decir, de la dualidad que caracteriza a todo ser humano y que Luc Bodin ha desarrollado en esta obra. Y la tercera consiste en la gratitud hacia el universo perfecto que es, para mí, Nathalie Bodin, un maravilloso descubrimiento de Ho'oponopono.

Ahora que tienes entre tus manos algunas claves para estar en paz contigo mismo, aprovechando todo tu potencial, te dejaré descubrir tus propias respuestas a las preguntas que te harás tras la lectura de este libro.

Y dado que ya estás en la última página, no lo veas como una conclusión. Considera esta obra un prefacio para tu vida. Una especie de introducción cuyos capítulos siguientes escribirás tú.

Espero que este *Gran libro de Ho'oponopono* te haya despertado el gusto por la aventura y que te guíe en tu exploración de la vida.

Feliz descubrimiento a todos.

«Gracias, te quiero».

BIBLIOGRAFÍA

NB: las obras citadas en las notas a pie de página no están recogidas en esta bibliografía.

BRECHER, P.: *Los secretos de la energía corporal*. Taschen, 2004.
BYRNE, R.: *El secreto*. Círculo de Lectores, 2007.
CLERC, O.: *Le don du pardon*. Guy Trédaniel, 2010.
DAB, D.: *Du Big Bang à la Guérison*. Quintessence, 2003.
DE LASSUS, R.: *La communication efficace par la PNL*. Marabout, 2007.
DERICQUEBOURG, R.: *Religions de guérison*. Éditions du Cerf, 1988.
DOSSEY, L.: *La oración es una buena medicina: cómo beneficiarse de los efectos sanadores de la oración*. Obelisco, 1999.
DYER, W. W.: *El poder de la intención*. Debolsillo, 2009.
FARRINGTON, K.: *Atlas histórico de las religiones*. Edimat Libros, 2004.
FERRINI, P.: *Amor sin condiciones: reflexiones sobre la mente crística*. El grano de mostaza, 2010.
FORD, D.: *La part d'ombre du chercheur de lumière*. J'ai lu, col. «Aventure Secrète», 2010.
GASSETTE, G. y BARBARIN, G.: *Enseignement recueilli – La clé*. Astra, 2010.
GENEVÈS, J. F.: *Le référentiel de l'homme nouveau*. Autoedición, 2000.
HAWKING, S.: *El universo en una cáscara de nuez*. Crítica, 2011.
JAMPOLSKY, G.: *Enseña sólo amor: porque amor es lo que eres: principios de la sanación de la actitud y sus aplicaciones*. Los Libros del Comienzo, 2008.

Jung, C. G.: *La guérison psychologique*. Librairie de l'Université Gerog et Cie, Ginebra, 1953.
—: *L'analyse des rêves*. Albin Michel, 2005.
Kerviel, J. N.: *L'être humain et les énergies vibratoires*. Arka, 1997.
Kribbe, P.: *Messages de Jeshua*. Helios, 2010.
Lakhovsky, G.: *El secreto de la vida: las ondas cósmicas y la radiación vital*. M. Aguilar, 1929.
Lao-Tzu. *Tao Te King*. Edaf, 2006.
Lebrun, M.: *Médicos del cielo, médicos de la tierra*. Luciérnaga, 1989.
Longdechamp, G.: *L'homme vibratoire*. Amrita, 1998.
Morgan, M.: *Messages des hommes vrais au monde mutant*. J'ai Lu, col. «Aventure Secrète», 2004.
Morse, M.: *La divine connexion*. Le jardin des livres, 2002.
Murphy, J.: *Técnicas terapéuticas de la oración*. Obelisco, 2008.
Ortoli, S. y Pharabod, J. P.: *El Cántico de la Cuántica*. Gedisa, 1985.
Pauwels, L. y Bergier, J.: *Le matin des magiciens*. Folio, 1973.
Poletti, R. y Dobbs, B.: *L'estime de soi*. Éditions Jouvence, 1998.
Portelance, C.: *La guérison intérieure par l'acceptation et le lâcher prise*. Jouvence, 2009.
Redfield, J.: *La décima revelación*. Debolsillo, 2010.
Tal Schaller, C.: *L'univers des chamanes, le don de guérir est en chacun de nous...* Testez, 2006.
Smith, C. W. y Best, S.: *L'homme électromagnétique*. Marco Pietteur éditeur, 2003.
Tipping, C. C.: *El perdón radical: un proceso revolucionario en cinco etapas para sanar las relaciones personales, soltar la ira y la culpabilidad, encontrar la paz en cualquier circunstancia*. Obelisco, 2010.
Vitale, J. y Len, I. H.: *Cero límites: las enseñanzas del antiguo método hawaiano de Ho'oponopono*. Obelisco, 2011.

ÍNDICE

Prefacio de María-Elisa Hurtado-Graciet 7
Ho'oponopono, modo de empleo 9

Capítulo 1: Ho'oponopono de los orígenes a la práctica actual.
   Jean Graciet 11
   Definición e historia de Ho'oponopono 12
   Morrnah Simeona 13
   El doctor Ihaleakala Hew Len 13
   La realidad física es una creación del pensamiento 15
   Las diferentes partes de tu identidad 17
   ¿Cómo se hace una limpieza? 18
   Abandonar las expectativas 19
   El estado de «vacío» y el momento presente 20
   El amor propio 21
   Cómo practicar Ho'oponopono 22
   El poder creador 24
   El retroproyector 25
   El perdón abre la puerta al amor 27
   La luz y la oscuridad 28
   El perdón total 30
   El buda de oro 31
   La limpieza de las memorias 32
   El amor está en la unidad 33

Capítulo 2: Ho'oponopono del mundo físico
a la realidad cuántica.
   Dr. Luc Bodin 35

    Las memorias erróneas explicadas por la PNL 36
    Las situaciones conflictivas. 42
    El ciclo de los conflictos. 44
    La memoria de los acontecimientos 54
    Psicología y Ho'oponopono. 56
    La epigenética y Ho'oponopono 59
    La raíces chamánicas de Ho'oponopono 64
    La actualización de los pensamientos 70
    Ho'oponopono explicado por la física cuántica 73
    ¿Es real nuestro mundo? 80
    Las consecuencias de Ho'oponopono en los individuos 88
    Ho'oponopono y las nuevas energías 90

**Capítulo 3: Ho'oponopono de la espiritualidad
a la abundancia.**
    Nathalie Bodin. 93
    Tu religión es espiritual 94
    Ho'oponopono, reencarnación y familia 96
    Budismo siempre. 100
    Ser cristiano. 107
    Un poco de islam. 110
    Criaturas creativas 113
    Cómo cambiar el mundo. 124
    Cómo vivir los momentos de duda 129
    Ho'oponopono en la vida cotidiana. 131

Ho'oponopono y tú.
    Nathalie Bodin. 135

Bibliografía 137